ŒUVRES

DE

SAINT-SIMON & D'ENFANTIN

PRÉCÉDÉES DE DEUX NOTICES HISTORIQUES

XXXVe VOLUME

ŒUVRES

D'ENFANTIN

PUBLIÉES PAR LES MEMBRES DU CONSEIL

INSTITUÉ PAR ENFANTIN

POUR L'EXÉCUTION DE SES DERNIÈRES VOLONTÉS

QUINZIÈME VOLUME

PARIS

E. DENTU, ÉDITEUR

LIBRAIRE DE LA SOCIÉTÉ DES GENS DE LETTRES

PALAIS-ROYAL, 17 ET 19, GALERIE D'ORLÉANS

1873

CORRESPONDANCE
PHILOSOPHIQUE ET RELIGIEUSE

DE 1843 A 1845,

Publiée en 1847 par ENFANTIN.

CCCLXIᵉ LETTRE

A M. ALBERT DU BOYS

Paris, 6 mai 1843.

Mon cher monsieur, quelques jours avant le départ de M. de Ravignan vers sa mère mourante, une personne, qui avait l'honneur de le visiter, lui parlait de ce fameux : « *Maintenant* mon royaume n'est pas de ce monde.» M. de Ravignan fut tellement surpris, qu'il répondit : Ce mot MAINTENANT n'existe pas ; » il se leva, prit sa Bible (latine), et montra qu'en effet, à la première ligne du verset, le *nunc* n'existait pas. Le visiteur, ignorant que ce n'était pas à la première

1

ligne, mais à la dernière, que figurait le mot, laissa refermer le livre, tout en continuant à affirmer qu'il avait vu ce *nunc* dans des Bibles très-orthodoxes ; et il sortit, disposé à croire qu'il y avait même des Bibles latines qui ne portaient pas ce significatif adverbe.

Vous devez penser qu'il ne me vient pas à l'idée que M. de Ravignan ait voulu *dissimuler* ce *nunc* ; et en même temps je suis convaincu que sa Bible (latine) portait *nunc* à la dernière ligne du verset dont il se contentait de lire la première. Ce que je remarque et vous prie de remarquer, c'est qu'un homme tel que M. de Ravignan a été surpris, comme d'une nonveauté schismatique, de cette phrase : *Maintenant* mon royaume n'est pas de ce monde, et a essayé de prouver qu'elle n'était pas orthodoxe.

Je suis donc peu étonné que vous vous contentiez de répondre sur ce point capital de mes deux dernières lettres : « Laissant de côté le *maintenant* supprimé dans la langue que ne parle pas l'Église, etc. » Permettez-moi de ne pas le laisser de côté, et d'y revenir encore.

Lorsque je vous ai parlé de ce mot important, j'espérais, je dois en convenir, que votre connais sance des matières religieuses m'aiderait à retrouver le sens de cette suppression, et que vous rechercheriez vous-même le motif, *gallican* ou autre, qui a pu agir sur cette traduction ignare ou frauduleuse du latin en français. Est-ce œuvre de janséniste ou œuvre jésuitique? je ne sais ; ce serait à vous de prononcer, et, dans tous les cas, je serais heureux de vous entendre dire que, non seulement ce n'est pas œuvre *catholique*, mais que cette ignorance ou cette fausseté est ou doit être condamnée par l'Église de Rome.

Vous avez dû voir, en effet, quelle importance, exagérée peut-être, j'attacherais à une condamnation pareille, prononcée *maintenant* contre cette altération de la parole, de la promesse divine. Or, vous laissez de côté vous-même la partie de ma lettre où j'essayais de vous faire sentir l'influence qu'aurait cette déclaration *actuelle* de l'Église, non-seulement sur le monde, mais sur elle.

La Bible de Sacy est, *je crois*, la première qui soit dégradée par cette suppression, que vous ne signalerez, *je crois*, dans aucune Bible protestante, française, allemande, anglaise, polyglotte. Et, depuis Sacy, les éditions ou traductions nouvelles, considérées comme orthodoxes, imitent toutes, *je le crois*, ou du moins très-géné-

ralement, l'altération de 1682 (Sacy). Qu'est-ce
à dire?

Tous les arguments de mes lettres, ceux sur
lesquels vous revenez encore aujourd'hui, sont
des corollaires du théorème, ou, mieux encore,
du problème que renferme ce simple mot *maintenant*, et il est difficile de s'entendre sur des corollaires, lorsqu'on n'est pas d'accord sur la
proposition qui les engendre. Toutefois, j'admets
aussi qu'en nous accordant sur quelques conséquences, cela pourra nous aider à remonter ensemble vers une même cause ; et voilà pourquoi
je me suis permis plusieurs digressions sur l'influence de l'Église, à diverses époques, dans la
politique. J'aurais donc désiré également qu'au
lieu de vous préoccuper, comme vous l'avez fait,
des *inconvénients* religieux ou politiques qui ont
accompagné cette intervention de l'Église dans
la politique, vous eussiez examiné avec moi les
avantages religieux et politiques de cette influence plus ou moins directe de la morale *pacifique*, incarnée dans le sacerdoce chrétien, sur
la morale *militaire* incarnée dans le monde de
César.

Si, comme moi, vous étiez convaincu que,
malgré les inconvénients, les fautes, les excès

inséparables de tout acte *humain* (quel saint ne pèche pas?), c'est l'Église, par ses propres actes, qui a le plus contribué à dépouiller César de son ancien *droit*, la FORCE, pour y substituer dans les affaires du monde un *droit nouveau*, celui des mérites ou DES ŒUVRES, nous remonterions ensemble à ce royaume de Dieu qui n'était pas *alors* de ce monde, et dont elle peut encore nous rapprocher *aujourd'hui*.

Je le sais, vous prétendez qu'elle le fait, en ce monde même; et vraiment vous avez raison de me trouver injuste, si vous prenez mes *désirs* à son égard pour une accusation contre son passé ou contre son présent même. Le Saint-Père, dit-on, a répondu à M. de Lamennais : « Mon cher fils, je comprends l'œuvre que vous imaginez ; mais je ne vois ni les ouvriers, ni les instruments, ni les matériaux de cette œuvre. » M. de Lamennais, au lieu de se fâcher, aurait dû reconnaître que dans la bouche du Saint-Père était la vérité.

Vous me dites : « Si vous n'êtes pas vous-même dans le sein de l'Église, vous devez être *soupçonné* de chercher à en faire un instrument de propagation de vos propres idées, plutôt que de la convier *sincèrement* à une mission divine ;

en un mot, vous semblez vouloir dominer et diriger l'Église, sans vous laisser en rien dominer ni diriger par elle : dans ces termes-là une
conciliation de doctrines, même dans une sphère
inférieure au dogme, ne me paraît pas réalisable. » — Vous voyez donc bien que je ne m'étais pas trompé ; je m'étais seulement mal
exprimé, lorsque je vous avais parlé de l'esprit
de *rivalité* qui régnait dans la manière dont vous
repoussez ce que vous croyez être une attaque
de ma part contre l'Église. Est-ce que l'Église
peut et doit soupçonner qu'on la *trompera*,
qu'on la *dominera?* Est-ce que, quand bien
même elle croirait qu'on peut avoir cette *intention,* cela pourrait lui faire perdre le sens du
bien et du mal, et lui faire fermer les yeux à la
vérité, celle-ci fût-elle couverte d'un voile de mensonge et d'orgueil? Est-ce qu'il ne lui a pas été
dit que l'esprit des ténèbres ne prévaudra pas contre elle?—Que vous me reprochiez, à moi qui suis,
à ses yeux et aux vôtres, en dehors d'elle, d'avoir
trop d'orgueil, je le comprends ; mais que vous
supposiez l'Église orgueilleuse au point de fermer son oreille et son cœur à tout homme qui
ne commence pas son *Credo* par : Je crois en
l'Église catholique, et qui ose lui parler d'abord

de Dieu, ce serait déchirer vous-même le symbole de votre foi et abaisser l'Église en l'élevant
à ce point.

D'ailleurs, je vous l'ai déjà dit, c'est à vous,
chrétien, que je parle, mais non au Pape ou à
l'Église ; et quoique ma prétention soit de vous
attacher à de nouvelles pensées, je n'ai pas le
moindre désir de vous détacher, en quoi que ce
soit, de l'Eglise, ni surtout de vous faire blâmer
la prudence qu'elle mettra certainement à réaliser les désirs actuels et légitimes de l'humanité.

Je ne me défends nullement du reproche d'impatience : je sais que je désire vivement, et que
je suis bien loin de pouvoir apprécier toutes
les difficultés actuelles du monde ; mais que
voulait donc dire le Saint-Père dans sa réponse à M. de Lamennais ? Les ouvriers de
l'avenir ne doivent-ils pas se lever et parler,
pour que Rome les voie et les entende ? Si tous
se bornaient à répéter le passé, les instruments
ne se forgeraient pas, les matériaux ne seraient
pas extraits de la carrière, et le vieil édifice se
lézarderait, s'écroulerait sur les *patients*. Est-ce
que vous trouvez que j'ébranle la chaire de Saint-
Pierre, parce que je dis qu'elle a presque donné

la paix au monde, et qu'elle la lui donnera tout à fait ?

Mon cher monsieur, vous me parlez de la communion catholique comme d'un mystère qui me serait inconnu de toutes manières, et comme d'un sujet qui ne comporte pas de discussion *profane*. Permettez-moi de vous le dire : je n'ai pas encore été excommunié, que je sache, et j'ai lu à peu près tout ce que vous avez probablement lu vous-même sur cette admirable institution. Vous ne m'y trouveriez donc étranger en aucune façon. Si je ne crois pas, de mon côté, que le sujet soit abordable entre nous, c'est par la même raison qui me fait croire qu'il est inabordable entre nous, c'est par la même raison qui me fait croire qu'il est inabordable entre un catholique et un protestant ; c'est-à-dire, parce que vous prétendriez contre moi, comme le protestant contre vous, que la *forme* de la communion, fixée une fois d'une manière certaine, ne doit pas changer. Les protestants ont prétendu remonter à la Cène, vous à l'Eucharistie, plus spiritualisée encore par l'Eglise développée ; vous, comme eux, argumenteriez avec le passé, et moi je parle de l'avenir.

Avant tout, il faudrait que nous fussions d'accord sur ce point, savoir : que l'*Église* et le *monde* se sont de plus en plus et de mieux en mieux modifiés dans et par leur COMMUNION, afin d'être un jour *tous* en *un*, COMMUNIANT l'*un* ET l'*autre* dans l'UNITÉ de l'*Église* ET du *monde*.

Je reviens donc toujours à la grande question soulevée et représentée par le *nunc regnum meum;* mais, pour y rentrer, quelques mots encore sur Mahomet.

Vous me demandez ce qu'auraient pensé des juges *impartiaux*, Platon et Cicéron, par exemple, s'ils étaient revenus au monde et qu'on leur eût dit : « Entre le Coran et la Bible choisissez, où est l'inspiration divine? » D'abord, remarquez que le Coran ne refuse pas à l'Évangile l'inspiration divine : au contraire. Ensuite vous m'avouerez que vous faites trop beau jeu à l'Évangile, en prenant pour juges *impartiaux* Platon et Cicéron, un philosophe et un avocat, deux hommes d'esprit et d'esprit par excellence. Mais si vos juges ressuscités étaient Cyrus, Darius, Xerxès, Mithridate, Antiochus ou Annibal, je pense que la réponse ne vous semblerait pas pouvoir être la même, et que vous comprendriez alors l'histoire de la Perse, de l'Asie Mineure, de la Syrie et de la côte africaine.

Platon et Cicéron ! je le crois sans peine, puisque je sais que la Grèce et Rome ont reçu saint Paul ; et quand bien même ce grand saint aurait été bafoué par les élèves de Platon et martyrisé par des avocats romains, je n'en serais pas moins convaincu qu'il a importé dans le monde européen la *bonne nouvelle,* sous la forme la plus convenable pour inspirer, aux *philosophes* et aux *avocats*, une *métaphysique* et une *parole* bien *supérieures* à celles de Platon et de Cicéron, et qu'à ce titre ces grands hommes auraient admirées. En Orient, le christianisme a métaphysiqué et bavardé pendant cinq siècles, disputant, bataillant ; Mahomet est venu et a fait taire ces bavards, qu'Annibal n'aimait pas non plus, et que Darius, je crois, consultait peu. Aussi l'Orient tout entier ne faisait déjà qu'un corps vigoureux, alors que l'Europe chrétienne n'avait pu encore, malgré six à sept siècles *d'avance,* constituer son unité ; si bien que l'Europe dut retoucher l'Orient par les croisades, pour y apprendre, non-seulement les sciences *physiques*, mais la *politique* et aussi le *commerce*, les *arts*, la *médecine*, et en général toutes les *affaires de ce monde,* tant elle s'était absorbée dans la contemplation et l'espoir d'un *autre monde*.

Mais vous dites que le Coran lui-même prouve que Mahomet était un *imposteur*. Vous savez bien qu'on a dit, et avec raison, que la Bible prouvait que Moïse était un *massacreur*. Beau= coup de personnes ont dit que Jésus avait été le contraire d'un homme humble, puisqu'il s'était déclaré le fils de Dieu, Dieu lui-même. Je vous le dis encore, votre accusation contre Mahomet, qui d'ailleurs ne s'est pas déclaré Dieu, mais simplement homme et par conséquent *peccable*, mais excusable, est de la même force que ces deux accusations contre Jésus et contre Moïse. Remarquez d'ailleurs qu'il serait injuste de con= sidérer trop avec la loupe la vie *privée* d'un homme dont la mission a été surtout politique, en regard d'un autre homme (surtout si l'on croit celui-ci Dieu) dont la vie a été presque *indivi- duelle, privée,* même *sans famille* et pas du tout *politique.* Par là vous prêteriez le flanc aux Juifs, qui n'ont pas voulu et ne veulent pas reconnaître en Jésus un Messie, parce qu'il n'a pas montré sa puissance divine en *politique,* et qui le jugent alors comme vous jugez Mahomet, homme de génie, mais perturbateur, sinon de la

morale, au moins de l'ordre public et de la foi
d'Israël.

Vous avez donc raison de dire qu'il y a en moi
un *parti pris* de comprendre Mahomet parmi les
hommes qui ont fait grandement avancer l'espèce
humaine dans la route de sa destinée religieuse;
c'est un parti que j'engage fortement le monde
chrétien à prendre, *maintenant* qu'il veut toucher en *ami* le monde musulman. Je n'ai pas vu
un seul chrétien européen, allant en Orient, qui
s'en soit mal trouvé; tandis que je ne conçois
pas qu'on puisse se trouver bien du parti qu'on
aurait pris de regarder Mahomet comme un *imposteur*, ayant fait *rétrograder* les peuples
orientaux. C'était bon quand on voulait aller
massacrer les infidèles; mais n'oublions pas
que, tout en partant avec ce parti pris, on revenait de la Palestine (où l'on était allé plein du
Dieu *pur esprit*), on en revenait rempli d'amour
pour les carrousels et les tournois, fier de riches
armures et de brillants costumes, désireux d'une
cour de pages et d'écuyers, consultant l'astro-
logue et l'alchimiste juif ou arabe qu'on ramenait
à sa suite, et amoureux de la femme jusqu'à
l'idolâtrie la plus chevaleresque et la plus
dévouée. C'était bon enfin lorsque le chrétien

devait ravager l'Orient, puis revenir en Europe un tant soit peu païen, pour redonner à la chair chrétienne de la vigueur, de la grâce, de la beauté, elle qui avait été mortifiée, écrasée par dix à onze siècles d'abstinence.

Pour cette question, je vous demanderai encore d'examiner plutôt les *bons* que les *mauvais* côtés ; je suis convaincu, comme vous, qu'il y a beaucoup de choses à reprendre dans l'islamisme, aussi bien que dans la vie de Mahomet et dans celle d'Ali, ou même seulement de Méhémet Ali, pacha d'Égypte, ou d'Abd-ul-Medjid le sultan, ou même enfin de l'*émir* Abd-el-Kader ; je m'en rapporte au commun des martyrs pour signaler, même avec exagération, ces imperfections ; mais par quel point, par quel bon côté pouvons-nous toucher ces messieurs qui sont des hommes ? Devons-nous seulement couper, tailler avec le sabre ? devons-nous simplement émonder, ébrancher ? non sans doute, il faut cultiver, il faut *greffer,* ou communier *par approche.*

Or, je dis maintenant, comme l'Église de Rome l'a toujours dit, que l'Église régnera un jour sur le monde ENTIER, sur l'Orient comme sur l'Occident, sur Platon et Cicéron, comme Cyrus et Annibal ; qu'elle embrassera dans son AMOUR (elle, l'AME du monde) le monde *intellectuel* de Platon et de Cicéron, et le monde *temporel* qu'aimaient Cyrus et Annibal, le *ciel nuageux* du Nord et la *terre ardente* du Midi ; je dis que c'est là son royaume COMPLET, qui lui a été *promis théoriquement* et qui n'est pas *réalisé en pratique*. Eh bien ! c'est la *réalisation pratique* de cette promesse, faite il y a dix-huit siècles, répétée avec ardeur pendant quinze siècles, oubliée, presque supprimée par les enfants de Rome depuis deux siècles, c'est cette apparition du royaume universel dont je suis désireux, outre mesure peut-être, mais avec une intention pure et une foi inébranlable. — Et c'est là ce que vous appelez vouloir dominer et diriger l'Église ! c'est là ce que vous prétendez devoir la blesser, la faire reculer en bouchant ses oreilles !

Mais, direz-vous, *comment réaliser* cette divine utopie ? Comment embrasser dans UN MÊME AMOUR la vie *spirituelle* et la vie *matérielle*, ou, mieux encore, la vie *scientifique* et la vie *industrielle* de l'humanité ? Comment gouverner la *terre* et les *peuples* qui vivent d'elle et qui la fécondent ? — Pour Dieu, à mon tour je m'écrie : « N'allez donc pas si vite ! »

Sommes-nous d'accord sur la promesse? Pensons-nous l'un et l'autre que, même en n'espérant pas qu'elle puisse se réaliser parfaitement sur la terre, nous devons tendre à nous en rapprocher sans cesse? Croyons-nous que les hommes de bonne volonté peuvent y contribuer, rien qu'en proclamant haut qu'ils le désirent, qu'ils y croient, que leur foi est confirmée par tous les progrès déjà accomplis, par ceux surtout qui, *maintenant*, se manifestent dans l'horreur *de la guerre* et du sang, dans l'amour, même exagéré, des *fruits du travail,* dans une tolérance et une justice croissantes?

Lorsque Bossuet, habile politique, pour échapper au protestantisme, inventa le juste milieu du *gallicanisme*, c'était tout simple et fort adroit de traduire *en français* que le royaume de Dieu n'était pas du tout de ce monde, et d'effacer *maintenant;* est-ce nécessaire, adroit, habile et politique *aujourd'hui?* Telle est la question, la seule et véritable question que je vous pose; vous n'y répondez pas.

Moi aussi je dirai que toute *discussion* entre nous, sur les voies et moyens, exigerait un catéchuménat (quoique je ne vous considère pas du tout comme profane), car il faut des épreuves, généralement longues et pénibles, pour ne plus *discuter* et embrasser en COMMUN le même *moyen* de réaliser un sentiment déjà COMMUN. Aussi, entre vous et moi, c'est ce sentiment de l'avenir religieux de l'humanité qu'il importe de fonder sur un commun espoir.

Songez donc que si l'Église sentait, *aujour-d'hui*, l'utilité de rappeler formellement et très-spécialement au monde qu'elle n'a pas abdiqué cette promesse implicite renfermée dans le *nunc*, non-seulement l'*esprit* du clergé tout entier en serait modifié, et il le prouverait par ses *œuvres*, mais le monde lui-même *réfléchirait* et *agirait* sous une inspiration ou préoccupation religieuse et politique toute nouvelle.

Direz-vous que le *moment* n'est pas venu de le faire? c'est bien, j'accepte. Je vous assure que je sais ce que veulent dire patience et prudence; je vous demande simplement si vous croyez que ce jugement sur les faux traducteurs devra être prononcé *un jour,* et j'espère que, pour ce jugement-là, vous ne me renverrez pas au jugement dernier.

Vous m'accusez d'être injuste envers l'Église et de méconnaître tout ce qu'elle fait de bon, comme je vous reproche de ne pas être juste

envers tout ce qui n'est pas elle. Il est impossible
que nous tombions l'un et l'autre dans ce défaut,
qui serait en effet plus grave de ma part, logi-
quement parlant, car il serait en contradiction
manifeste avec mon sentiment, ma foi en tout ce
qui est humain, et surtout à l'égard de ce qui a
de la grandeur parmi les hommes. Béranger, le
chansonnier, me disait que sa *première* disposition, en face de toutes choses, était de sentir
et de voir le mauvais côté, mais qu'heureusement pour lui la seconde impression lui faisait
distinguer les bons côtés. Il me semble que je
suis plutôt le contraire de Béranger, surtout à
l'égard, je le répète, de ce qui est grand parmi
les hommes. Béranger, heureusement pour lui,
reste souvent sur la seconde impression; heureusement pour moi, je reviens souvent, et je
dirais même presque toujours, à la première;
il est bon et malin; moi, je ne me crois pas trop
malin, mais je me crois assez bon, aimant les
choses bonnes et ne m'intéressant pas trop aux
mauvaises, même, je le confesse, pour les détruire. Quoi qu'on en ait dit souvent, je me crois
plus *organisateur* que *destructeur*.

Je m'exprime ainsi pour vous donner une
idée nette au moins de mes *intentions* quand

j'attaque; mais d'ailleurs ne trouvez-vous pas
que cette même disposition se manifeste dans
la forme et le but de mes attaques? N'y a-t-il
pas une différence entre regretter qu'*on ne fasse
pas* et blâmer ce qu'*on fait?* Or, il me semble
que je ne me suis pas livré au blâme, mais
peut-être un peu trop au regret. Je sens bien
qu'en vous disant avec toute franchise mes
désirs, mes espérances, je dois paraître donner
des conseils à l'Église, et vouloir lui imposer
mes idées; aussi me dites-vous : « Les sectaires
sont ainsi faits. » Non, il n'est pas besoin d'être
sectaire pour cela, il suffit de croire; et d'ailleurs les sectaires qui ont eu le plus cette manie
n'étaient pas les plus mauvais, il y avait du bon
à en prendre.

Le Pape, m'a-t-on assuré, fait imprimer en ce
moment toutes les bulles relatives à l'affranchissement des esclaves; il répond ainsi lui-même
au paragraphe de votre lettre, car il a sans doute
pour but d'intervenir *aujourd'hui* encore, du
poids de tout le *passé* de l'Église, dans cette
question *très-politique*. Mais, dites-vous,
l'Église n'a commencé à *conseiller* l'affranchissement qu'aux quatrième et cinquième siècles,
et vous m'engagez à attendre quatre ou cinq

siècles pour qu'elle arrive enfin à se mêler, indirectement et par conseil de confessionnal, de l'association. — Si vous vous effrayez de mon impatience, j'admire votre patience, qui vous aveugle même sur le fait le plus incontestable du passé. Certes, Jésus, saint Paul, saint Pierre, tous les chrétiens des premiers siècles n'ont pas conseillé d'affranchir les esclaves, comme on l'a fait aux quatrième et cinquième siècles; mais malgré les affranchissements que faisaient, avant eux, les Romains, je vous prie de me dire si Jésus et saint Paul ont attendu longtemps pour enseigner aux hommes, à tous les hommes, maîtres et esclaves, qu'ils étaient *frères?* La chose était neuve, surtout chez les Gentils, et Caton ou Aristote ressuscités s'en seraient furieusement étonnés; et messieurs les bourgeois de Rome, qui ne voulaient pas du tout être traités en frères par leurs esclaves, jetaient ces chrétiens perturbateurs aux bêtes. Allez-vous blâmer l'impatience des promoteurs de la fraternité humaine?

Or, entre eux, ces révolutionnaires se traitaient comme des frères; un esclave, un affranchi, un citoyen, un patricien, tous *communiaient* dès le premier siècle; et l'Église, pendant sa course envahissante, n'a pas cessé de donner, sur la chaire même de saint Pierre, des exemples de cet appel de tous, selon le mérite et *quelle que fût la naissance,* libre ou servile. Si vous n'appelez pas cette parole et cette conduite de l'Église une provocation perpétuelle à l'affranchissement, c'est, je vous le dis encore, que vous me supposez rêvant un phalanstère fait par le Pape en 1843, ce qui est à mille lieues de ma pensée.

C'est précisément parce que l'idée d'*association* entre le maître et l'ouvrier (qui ont eu besoin de dix-huit siècles pour apprendre qu'ils sont frères) est une idée neuve à inspirer, à développer parmi ces *frères ennemis ;* c'est parce qu'elle aura besoin de siècles pour entrer dans les âmes et dans les institutions, comme la *fraternité* y est entrée ; c'est parce que l'ASSOCIATION des frères est le complément neuf du précepte moral de la fraternité ; enfin c'est parce qu'elle doit modifier la politique de la société actuelle, comme la fraternité a modifié celle de la société grecque et romaine, que je suis impatient d'entendre prononcer ce grand mot par l'Église, sans croire qu'à l'instant même tout le monde s'embrassera et s'associera, ou communiera d'une façon réelle, et non plus symbolique seulement.

Parce que cette vérité : *Les hommes sont frères,* est aujourd'hui vieille comme l'Évangile, vous engagez à patienter pour cette autre vérité : *Les frères doivent s'associer;* mais pourquoi donc mettre à nos bouches un bâillon, comme les patriciens en mettaient aux martyrs? N'est-ce pas aux meilleurs des frères à parler les premiers, à tous leurs frères, d'association? Ce n'est pas là un blasphème. Par qui l'Église prétend-elle que ce mot soit lancé, répandu sur le monde? par Blanqui, par Barbès, par Owen, Fourier ou Saint-Simon, et pas par elle! Alors ce n'est donc pas une vérité; ce n'est donc pas un espoir légitime ; c'est un blasphème, un crime; la société est menacée; les bourgeois s'écrient : En prison, en prison! Et, en effet, des impatients conspirent; à leur bonne pensée, ils mêlent les poisons de la haine, de la vengeance, de l'orgueil; ils descendent sur la place publique et le sang coule... l'Église se tait.

Vous me demandez si l'Église a jamais souffert le martyre pour *cette foi en particulier,* l'abolition de l'esclavage. Non, cela est vrai, et je suis étonné que vous m'en fassiez la question, si vous entendez cela *à la lettre;* car il est connu

de tout le monde, moi compris, qu'il n'y a pas
d'article *particulier* du catéchisme qui fasse une
obligation d'affranchir les esclaves. Mais pour
quelle loi *particulière* croyez-vous donc qu'il y
ait eu des martyres dans le christianisme? Il y
a eu des *massacres* parmi les chrétiens, pour
telle ou telle pointe d'aiguille dogmatique ou de
discipline; mais j'ose affirmer que vis-à-vis du
paganisme ou du judaïsme, il n'y a *jamais eu* de
martyres pour des *articles particuliers* de la
foi; ce ne seraient que des exceptions et pour
ainsi dire des fantaisies de bourreau. Il y a eu
des martyres, parce que le christianisme chan-
geait, renouvelait la société; il y a eu des martyres, parce qu'il y avait une naissance d'avenir;
et, comme le dit Ballanche, il y a eu aussi des
victimes, parce qu'il y avait un passé qui mou-
rait. Croyez-vous donc qu'on martyrisait, aux
premier et deuxième siècles, à Rome, *parce que*
tel ou tel ne voulait pas sacrifier à tel ou tel
dieu, lorsqu'à cette époque on permettait à tant
d'autres hommes de plaisanter ces mêmes dieux?
C'est comme si vous pensiez qu'on m'a mis en
prison *pour atteinte* à la morale publique, à
une époque où il n'y a ni morale publique, ni
morale privée, dans la grande Babylone.

Rien n'était plus indifférent à Rome qu'une croyance religieuse *quelconque*, sauf la religion chrétienne, parce que celle-ci devait changer la société politique; les croyances qui ont cette puissance sont les seules qui méritent le nom de religion. Vous vous refusez avec une merveilleuse réserve aux bénédictions que j'aime à donner à l'Église pour ses bienfaits; vous seriez fâché que je vous prouvasse qu'elle a été martyrisée spécialement pour l'abolition de l'esclavage; eh bien, je suis convaincu que, même aujourd'hui, le sentiment d'affranchissement, inspiré par le Christ, cause des martyres hors de l'Église, tandis que le dogme, la théologie, n'en occasionnent plus, même dans le sein de l'Église.

Sans doute l'Évangile a dit, et l'Église a répété, de respecter les puissances et de rendre à César ce qui était à César; et si la parole chrétienne, relative à la politique, était toute renfermée dans ces préceptes, je m'expliquerais très-difficilement pourquoi César et les puissants de la terre auraient persécuté les chrétiens; mais qui donc a donné à l'homme, à l'individu, le sentiment de la dignité personnelle, incompatible avec la servitude? Qui donc a relevé le front de l'esclave et du pauvre, courbés devant et sous les pieds du maître et du riche? Qui donc a enseigné au monde la liberté? N'est-ce pas Jésus et l'Église, au prix de leur sang? Une religion qui ne prêcherait que l'autorité et l'obéissance, mais ce ne serait pas une religion *universelle*, elle serait bonne tout au plus pour le Thibet et enfanterait l'idolâtrie du pouvoir, un souverain dieu et un peuple troupeau. Oh! il y a autre chose que cela dans l'Évangile, et César le sentait aussi bien que l'esclave : l'un faisait des martyrs, quand l'autre se faisait chrétien. A défaut d'intelligence, l'instinct seul aurait suffi ; le fils du charpentier était de race royale ; ce Juif, sujet des Romains, était fils de David, roi d'Israël, peuple élu du Seigneur pour marcher en tête des peuples ; ce crucifié savait la langue des Rois, mais il savait aussi celle du peuple ; et si de ce *verbe* est sortie la sublime autocratie de Grégoire VII, c'est aussi lui qui a enfanté, dans le siècle dernier, ce merveilleux cri de liberté!

Je n'aime pas plus l'autocratie que l'anarchie : je ne serai donc pas suspect à vos yeux en rendant à l'Évangile la révolution française et le papisme autocratique ; l'une et l'autre sont des interprétations incomplètes de la parole divine, l'une et l'autre sont des exagérations inévitables et très-providentielles des *deux faces égales* de toute pensée de Dieu, traduite en langage humain. *Autorité* et *liberté* sont ces deux formes de l'ORDRE; et pour éviter à l'avenir leurs funestes exagérations, Dieu fera prononcer à son Église le verbe qui doit les contenir dans une juste mesure; ce verbe, c'est l'ASSOCIATION.

Le sens profond du mot RELIGION est perdu, est mort; il faut lui redonner la vie. Ceux qui croient aujourd'hui le comprendre, aussi bien que ceux qui le maudissent, ont besoin que l'Église en fixe de nouveau la valeur, pour ce temps et pour les temps à venir. « Il n'y a plus de religion sur la terre, le genre humain ne peut rester en cet état, » dit de Maistre. Il se trompe, Dieu n'a jamais abandonné l'humanité; mais à chaque phase de sa destinée, il lui révèle une acception neuve de ce mot *religion*. « Tout annonce, dit encore de Maistre, je ne sais quelle *grande unité* vers laquelle nous marchons à grands-pas; » eh bien, celui qui nous y pousse, n'est-ce pas Dieu?

Il ne s'agit plus aujourd'hui de *relier* deux sociétés distinctes, dont l'une serait la société *religieuse* et l'autre la société *politique;* il s'agit de rendre la société humaine religieuse, par l'ASSOCIATION des deux termes, contradictoires jusqu'ici, de tous les dualismes humains, tels que l'autorité et la liberté, le maître et l'ouvrier, ou tels que l'esprit et la chair, l'homme et la femme, et même [tels que le *mal* et le *bien*, afin de ne jamais voir sur la terre des *anges* ou des *démons*, mais des êtres finis, imparfaits, et pourtant *progressifs*.

Avec les deux mondes, religieux et politique, sacré et profane, quoi qu'on fasse, le démon régnera sur l'un, et Dieu sur l'autre; Satan ne sera pas vaincu, le règne de Dieu n'arrivera point.

Ceux qui, croyant comprendre le mot *religion*, se placent, avec leur religion, en dehors du monde, et ceux qui, maudissant le mot religion, le repoussent hors du monde, sont également aveuglés par des regrets ou des craintes du *passé*, mais ne sont pas inspirés par l'*avenir*; les uns rêvent généralement une *autorité* à jamais perdue, les autres rêvent une *indépendance* pour toujours impossible : c'est à l'Église qu'il appartient de faire la part de ce qu'il y a de légitime dans les souvenirs des uns et dans les espérances des autres, et ce n'est pas le moment de supprimer le mot *nunc*, de *perdre son latin* devant la politique.

Vous voyez que j'y reviens toujours; c'est dans l'espoir qu'enfin vous y arriverez vous-même une bonne fois; j'ai de la peine à vous y attirer, et je dois bien vous fatiguer par ma persistance à vous pousser sur ce terrain.

Dieu donne incessamment à *tous*, sans exception de profanes, son esprit et son corps, son sang et sa chair; nous le savons, le Christ nous l'a enseigné. A tous la *solidarité* de cette *grâce*, à chacun l'*imputabilité* de cette *liberté*.

Dans le temple, hors du temple, c'est toujours l'HUMANITÉ; il n'y en a qu'*une*, il n'y a donc qu'une RELIGION.

Les Papes et Luther ont confessé leurs fautes devant Dieu; les Rois et Robespierre ont confessé les leurs; la violence, la fureur des apôtres de la *liberté*, ont été pesées dans la divine balance, en regard des faiblesses et des désordres des Médicis et des Bourbons, en regard des infamies et des orgies de l'*autorité*; car le moine défroqué Luther vaut bien, je pense, un sacrilège Borgia; et l'incorruptible Robespierre ne pèse pas moins qu'un Régent corrompu, et qu'un Louis XV corrupteur.

Or, il dépend de l'Église, et d'elle seule maintenant, de prononcer ce *jugement* sur le passé : elle ne l'a pas pu jusqu'ici ; elle a voulu confesser le monde, elle ne s'est point encore confessée à lui. Elle a caché ses fautes, comme si Dieu n'avait pas donné à tous les hommes, par son Christ et par l'Église elle-même, des yeux pour voir, des oreilles pour entendre, un cœur pour glorifier, mais aussi pour condamner.

Justice pour tous ! car le règne de Dieu est proche ; justice bien ordonnée commence par *soi-même,* comme la charité par les *autres.* Assez on a prêché l'humilité au monde, en gardant pour soi le cachet d'un orgueil surhumain, l'*infaillibilité !*

Oui, je désire et j'attends un seul pouvoir suprême, une seule Église universelle, une seule religion pour l'humanité tout entière ; non plus deux glaives ou deux houlettes, parce qu'il ne s'agit plus de bouchers ou de troupeaux. Je l'attends, j'y crois, parce que le monde ne veut plus donner à des hommes et à des institutions humaines les attributs de l'infini, de Dieu : l'impeccabilité, l'infaillibilité, l'immutabilité ; j'y crois, parce que tous les siècles me racontent et tous les prophètes de Dieu m'assurent que l'hu-

manité marche vers le règne de justice et de
vérité, détrônant sans cesse l'iniquité et le mensonge ; et je bénis ceux qui détrônent et ceux qui
fondent : les uns et les autres sont envoyés de
Dieu, non du démon, car il n'y a qu'un seul
maître dans l'univers.

Oui, je bénis l'Église dont la parole pacifique
a détrôné César, et je la conjure, en vous, de
bénir *maintenant* les hommes qui, hors d'elle,
lui ont soutenu que, hors d'elle aussi, étaient le
salut, la volonté de Dieu, Dieu lui-même ; car
Dieu, dit saint Jean, n'a pas envoyé son Fils
dans le monde pour *condamner le monde,* mais
afin que le monde soit sauvé par lui ; et ce jour-
là, dit encore saint Jean, nous serons *en Dieu,
et Dieu en* nous, et nous serons un comme lui-
même ; nous serons *consommés* dans cette
grande unité que prophétisait de Maistre, et
qu'il attendait de l'affinité naturelle de la religion
et de la science. « Il faut nous tenir prêts, disait-
il, pour un événement immense dans *l'ordre
divin,* vers lequel nous marchons avec une vi-
tesse accélérée qui doit frapper tous les observa-
teurs. » — Mais quoi ! vous faites peu de cas,
ce me semble, de l'orthodoxie du grand de
Maistre, et je perds ma peine en vous citant sa

parole; je m'affaiblis peut-être à vos yeux en m'appuyant sur ce sublime amant de l'Église. — Je quitte donc la plume en vous embrassant.

P. E

CCCLXII^e LETTRE

A M. ALBERT DU BOYS

Paris, 23 mai 1843.

Mon cher Monsieur, je n'ai jamais pensé ni dit qu'il ne fallait voir *que* les bons côtés des choses ; j'ai toujours dit qu'il fallait voir les bons *et* les mauvais, et j'ajoute qu'il faut surtout chercher les bons côtés dans nos adversaires, puisqu'il ne peut y avoir de *paix* qu'à ce prix ; car il faut s'entendre, sinon sur *tout* (ce qui est impossible), au moins sur *quelque chose,* pour commencer à se donner la main.

Je vous le jure, je n'ai cité Borgia qu'à mon corps défendant ; et si, dans cette circonstance, je n'ai pas rappelé qu'il avait beaucoup de prédécesseurs et quelques successeurs dignes et admirables, c'est que ce n'était pas le lieu de répéter ce que je vous ai dit ou fait entendre maintes fois, savoir : qu'à mes yeux la série des Papes est l'assemblée d'hommes la plus grande qu'on puisse trouver dans l'histoire de l'humanité, surtout tant que la *naissance* n'est pas intervenue comme condition de leur éligibilité.

J'ai comparé Borgia à Luther, comme le Régent à Robespierre ; parce que, si l'on ferme les yeux sur les *vices* des Papes ou des Rois, on est exposé à méconnaître les *vertus* des adversaires des Papes et des Rois. Des hommes comme Luther et Robespierre ne remuent le monde *que* parce que le monde a été troublé par ses maîtres précédents ; et ce n'est pas le *génie du mal* qui fait leur force, c'est Dieu lui-même qui les suscite et leur donne puissance, et qui dit : « Maintenant comprenez, vous qui jugez la terre ! »

Je ne fais donc pas de *récriminations* contre la papauté en signalant des crimes, et vous ne pouvez, sans injustice, donner à mes lettres le titre que portait un ouvrage de la révolution : *Les crimes des Papes*. Pourquoi donc vous-même ne vous attachez-vous pas *surtout* à voir en moi l'un des réhabilitateurs les plus fervents, et, j'ose le dire, un peu influents, de la grande puissance exercée par l'Église, par la papauté, sur les affaires humaines ? Songez qu'à l'époque où M. Guizot fit ses premières leçons d'histoire, dans lesquelles il rendait aux évêques de France un hommage mérité, Saint-Simon publia des remercîments qu'il adressait à ce professeur, pour avoir été l'habile *vulgarisateur* d'idées émises par lui depuis plusieurs années ; idées que Thierry cultivait alors auprès de Saint-Simon, et qu'il publiait lui-même sous le nom de A. Thierry, *fils adoptif* de Henri Saint-Simon. — Songez que lorsque j'écrivais en 1825 *le Producteur*, et, plus tard, *l'Organisateur*, nous enseignions, pour ainsi dire, les noms de de Maistre et de Ballanche aux hommes qui dirigeaient alors l'esprit public ; songez que Benjamin Constant, lui-même, nous a accusés de rêver un *papisme* nouveau. — M'accuser de récriminer, parce que j'ose nommer Alexandre VI, c'est donc plus qu'une erreur de votre part. Je vois les choses *sous toutes leurs faces* et *telles qu'elles sont*, comme vous me le conseillez.

Puisque je vous reprochais d'appeler Mahomet un jongleur, je ne crois pas qu'il ait pu entrer dans votre pensée que, moi, j'appelais Moïse un massacreur et Jésus-Christ un fat. Je vous ai dit les opinions (en regard de la vôtre sur Mahomet) des hommes qui, permettez-moi de vous le dire, *ne comprennent pas* Moïse et Jésus mieux que vous ne comprenez Mahomet. J'admets comme vous que les hommes qui voient en Jésus un orgueilleux doivent voir en lui un blasphémateur, un *imposteur;* c'est aussi le nom que Voltaire donnait à Mahomet.

Le progrès que beaucoup d'hommes de nos jours ont fait, relativement à Jésus-Christ, c'est de trouver que cet orgueilleux imposteur avait eu *de bonnes intentions.* Vous en êtes là à l'égard de Mahomet; c'est déjà beaucoup et je vous en félicite; j'en félicite également tous les chrétiens, si, comme je le pense, ils ont fait, ainsi que vous, ce progrès très-favorable à l'union de l'Orient avec l'Occident; je dis l'union, et non la confusion impossible de l'Orient *fondu* DANS l'Occident.

Comme vous le dites, Jésus est venu révéler aux hommes l'incarnation divine; il l'a révélée d'une manière incomparablement, infiniment supérieure à toutes les lueurs de cette révélation, éclipsées dans les religions orientales, et je dirai même dans les récits bibliques de la *création de l'homme*. Je souhaite, comme vous, que l'humanité tout entière participe à l'intelligence de cette révélation suprême qui unit l'homme à Dieu, les hommes entre eux et avec la nature entière ; je souhaite, comme je vous l'ai dit, que le symbole devienne pour tous une *réalité sentie*, à jamais mystérieuse ; je souhaite que le protestantisme et le catholicisme, l'Orient et l'Occident, la terre et les astres eux-mêmes *communient* avec amour ; je souhaite, en un mot, que ce qu'on nomme la *religion* chez tous les peuples, ce qu'on nomme la *politique*, ce qu'on nomme la *science*, manifestent partout *Dieu incarné*, dont le premier exemple, vraiment humain et divin à la fois, est *Jésus-Christ*.

Pourquoi alors, me dites-vous, ne communiez-vous pas avec l'Église?

Je crois communier avec les peuples que j'ai visités, même avec les Anglais que je viens de voir, je communie avec les protestants et les juifs de France et d'Allemagne, avec les grecs de Russie, les musulmans d'Égypte et d'Algérie, et même avec les pauvres nègres fétichistes que je voyais amener au marché du Caire ; il serait bien merveilleux que je ne communiasse pas avec l'Église catholique, avec ma Mère, comme vous le dites fort bien, pourvu que vous ajoutiez que *ce qui n'est pas elle* est mon Père.

Ceci, direz-vous encore, est un jeu de mots ; communier, c'est communier comme le pratique l'Église. — Je vous demande pardon, mais là est précisément la question, et vous reconnaissez vous-même que l'Église tolère des *formes* diverses, données au symbole de l'incarnation divine. Il vous est donc impossible d'affirmer que l'Église ne modifiera pas sa forme eucharistique, sans revenir pour cela aux agapes ; mais, au contraire, en manifestant le plus clairement possible ce qu'elle a réduit à une *cène* mystique, à une *incarnation* aussi *spirituelle*, aussi étrangère à la *chair* qu'il est possible de l'imaginer.

Or, qui donc a fait supprimer ou modifier les agapes ? Vous admettez bien que c'est l'Église, qui a reconnu des inconvénients à cette forme. Je suis convaincu qu'elle reconnaîtra des inconvénients à la forme actuelle, surtout si, loin d'en faire un objet d'attaque contre elle, comme le faisaient les païens qui prétendaient que les agapes étaient des *saturnales charnelles*, les hommes qui lui signaleront ces inconvénients le font avec amour pour elle, en les lui présentant comme une *exagération* de *spiritualisme*, impuissante à faire sentir l'*incarnation* aux hommes en qui la chair est puissante.

Là est, selon moi, la solution de la *conversion* des idolâtres, fétichistes, païens, et même des musulmans. En un mot, l'*esprit* doit se montrer *palpable*, pour que le mystère de l'*incarnation* soit aussi bien *vu* que *compris*, toujours comme l'on voit et l'on comprend les mystères, c'est-à-dire par l'amour.

Si vous trouvez sage que l'Église accorde aux Grecs et aux Maronites une forme eucharistique particulière, appropriée à leurs besoins ou à leurs coutumes, il me semble que vous devez trouver naturel qu'un homme qui, comme le grand Xavier ou comme le plus grand saint Paul, ambitionnerait de convertir à *Dieu incarné* les peuples enveloppés dans la *chair*, que cet homme, dis-je, *sollicite* l'Eglise de mesurer son enseignement de la divine révélation aux besoins et aux coutumes de ces peuples.

Eh bien, je vous confesse que j'ai plus pitié des hommes qui vivent hors de l'Eglise que de ceux qui vivent dans son sein et s'y trouvent bien, comme vous ; que je me sens au cœur plus d'amour, et relativement même plus d'espérances d'avenir, pour les pauvres, que pour ceux qui sont riches ou se croient riches, ce qui est presque la même chose ; les riches de l'esprit, comme vous le savez fort bien, ne sont pas plus près du royaume des cieux que les autres.

Dans ces termes, il me semble que vous n'avez rien à reprendre à mon vœu et à la manière dont je l'exprime. Sous mille formes, je me suis présenté comme *amant* de la classe la plus nombreuse et la plus pauvre, non pas de la populace de telle ou telle ville ou de telle province, mais de la populace *du monde;* de celle qui est très-pauvre d'esprit, mais forte, belle et grande de chair ; de celle qui travaille pour vivre, et je dirai même qui ne travaille que pour vivre ; car, dans nos pays du Nord, les hommes ont rendu le travail écrasant ; dans ceux du Midi, c'est le soleil qui brûle les travailleurs.

C'est donc pour eux que je m'inquiète de la forme sous laquelle la divine *incarnation* leur sera offerte en croyance. Vivre, comme je le fais, en eux et pour eux, n'est-ce pas d'abord, pour moi-même, renoncer à la communion qui m'a *spirituellement* incarné Dieu, et chercher celle qui, *charnellement*, spiritualisera l'homme?

J'attache beaucoup de prix à ce que vous ne trouviez, dans mes désirs, rien qui soit en dehors de vœux légitimes. Lors donc que vous m'engagez à communier et que je vous réponds ce qui s'y oppose, je vous prie d'examiner si, en m'abstenant, je n'exprime pas d'une manière convenable le désir auquel je crois que l'Église peut satisfaire.

En d'autres termes plus généraux, croyez-vous que le *culte* et la *discipline* de l'Église puissent et doivent se modifier selon les lieux et selon le temps? — Vous m'avez déjà répondu oui, et vous m'avez cité des exemples. — Croyez-vous que de pareilles modifications soient nécessaires, non-seulement pour faciliter l'union des musulmans et des chrétiens, mais aussi des protestants et des catholiques, des athées et des croyants, des Rois et des peuples, des maîtres et des ouvriers, enfin de tout ce qui est en guerre aujourd'hui dans le monde?

Certes, si vous me répondez encore oui, vous ne me citerez pas comme exemple le culte de Notre-Dame-de-Lorette; et pourtant je demeure près de cette église, et je veux vous en parler.

Hier, j'y ai entendu une fort belle voix, un orchestre distingué, des chœurs dignes de l'Opéra, ou, mieux encore, du Conservatoire. Je vous vois d'ici frémir et de la chose et du ton avec lequel je vous la raconte ; le fait est que j'en frémis moi-même, et que ce boudoir m'a porté fadeur à l'âme. Je vous prie donc de ne pas me confondre avec ceux qui disent qu'il faut rendre la religion aimable, et qui, dans ce but, la déguisent en petite fillette musquée, vraie parisienne de la Chaussée-d'Antin.

Cette prostitution, cependant, est un *signe* auquel je suis loin d'attacher peu d'importance ; mais, quels que soient mes rêves, je puis vous assurer que je n'en fais pas un seul qui soit de cette inconvenance à l'égard de l'Eglise, et il me semble que, comme l'ours de la Fable, des amis maladroits et ignorants lui jettent un pavé sur la tête. Mieux vaut, je vous assure, un sage ennemi comme moi ; car si je ne suis pas le modèle des sages, je me donne à vous comme un modèle des *ennemis* de l'Eglise, moi qui aime et admire beaucoup son grand *amant*.

Bon Dieu ! où iraient se cacher, si de Maistre vivait, ces abbés de grand boudoir, ressuscités à Notre-Dame-de-Lorette, au moi de mai et de

Marie, entourés de fleurs, de parfums et de chants, et de ces charmantes petites femmes auxquelles la langue parisienne a consacré ce joli petit nom de lorettes !

Autre prostitution : M. de Genoude fait des journaux et dit la messe ; vous ne croirez pas non plus que j'espère voir beaucoup de prêtres suivre cet exemple, et surtout y être encouragés par Rome ; et pourtant là encore est un *signe* d'un effort fait, sinon par l'Eglise, au moins par des hommes de l'Eglise (ce qui est très-différent, je le sais), pour *mêler,* mais non *unir,* 'Eglise au monde.

Troisième prostitution : M. l'évêque de Chartres accuse l'Université d'enseigner le crime, l'assassinat ; un journal lui répond par une saleté : bien attaqué, bien défendu ; ce ne sont pas des *combats* que j'espère de l'Église, c'est la parole de paix.

Je n'en finirais pas si je continuais à vous donner des preuves de tentatives funestes, selon moi, et je crois aussi, selon vous, faites pour *introduire* l'Église dans la société, y compris surtout la grande discussion relative à la liberté de l'enseignement ; mais ne rien comprendre à ces *signes des temps,* fermer les yeux et les oreilles, rester immuable quand tout change de soi-même et sans inspiration ou direction suprême, ce serait un rôle que l'Église ne pourrait faire longtemps, et il faudra bien qu'elle dise à Mgr l'évêque de Chartres et à M. de Genoude, et même au curé de Notre-Dame-de-Lorette, de ne se mêler de *ses affaires* que comme elle entend qu'on s'en mêle, le jour où elle entendra elle-même que c'est de telle ou telle façon qu'on doit mener *ses* affaires.

Tout ceci semble m'avoir éloigné de votre question sur la communion ; pas le moins du monde : j'avais besoin de vous faire voir une foule de gens qui communient très-*explicitement*, selon l'expression de M. Lacordaire, et qui déchirent ou salissent leur mère, afin de vous ramener à ma première thèse, qui est aussi la vôtre, savoir : qu'il faut voir les choses *sous toutes leurs faces*, et qu'il y a, par compensation, des hommes qui ne communient pas avec l'Église, soit à Paris, soit en Chine, et qui ont du bon, surtout s'ils communient implicitement avec l'Église.

Avouez qu'il est curieux que ce soit précisément le chrétien, l'homme de l'esprit, qui tienne tant à la communion explicite ou de *fait, visible,*

charnelle, et qui n'attache aucune importance à
la communion implicite ou *spirituelle*, au point
de dire que la première *seule* sauve ! — Mon
cher monsieur, j'aurais pu mourir à Thèbes,
seul dans ces ruines ; mourir en Algérie par la
main d'un Arabe, sans confession, sans communion explicite ; je serais mort en croyant à *Dieu
incarné.* Ne me dites pas que je n'aurais pas
été sauvé.

Vous me conseillez d'aller voir M. de Ravignan, et vous aimeriez, si vous étiez à Paris,
m'y accompagner. L'abord de M. de Ravignan
est assez facile pour que je sois certain d'être
reçu comme il reçoit tout le monde, avec affa-
bilité ; mais croyez-vous donc que, même à vous,
j'aurais dit tout ce que je vous ai écrit depuis
quelques mois, si vous ne m'aviez pas *provoqué*
sur ces graves sujets, en me reprochant de ne
pas avoir fait, dans mon livre, la part assez large
à l'Église, pour la colonisation de l'Algérie ? Je
sais combien ces graves matières exigent de mé-
nagement, et j'éprouve une vive peine quand je
crois voir, dans les interprétations données
quelquefois par vous à ma pensée, la preuve que
j'ai quelque peu troublé ou blessé la quiétude ou
la légitime susceptibilité de votre foi. Je n'irais

pas à M. de Ravignan pour *me* convertir, et j'irais encore moins à lui pour *le* convertir ; mais si l'envie lui prenait, comme elle vous a pris, de trouver qu'il y a assez de bonnes choses en moi pour en espérer et m'en demander de meilleures, je lui dirais, comme je le dis à vous, tout ce qui est dans ma pensée. J'ai assez d'orgueil pour croire que je vaux la peine qu'on tente de me convertir ; et mon orgueil va plus loin encore, puisque je pense que les convertisseurs pourraient trouver quelque bien dans leur tentative, quand même elle serait, à leurs yeux, infructueuse à mon égard.

D'ailleurs ne dites-vous pas vous-même que je suis membre de ce corps de l'Église, ce qui ne m'empêche pas de croire que je suis aussi membre de ce grand corps, humanité, dans lequel Dieu nous a révélé, par Jésus, que tous les membres sont frères ? Si donc je me sens vivre *entre* ces deux partis divisés de frères, les aimant les uns et les autres d'un égal amour, communiant *seulement* d'une manière *implicite* avec les uns, et surtout d'une façon *explicite* avec les autres, appelant le jour où tous pourront communier sous ces deux formes, selon les dispositions de chacun, selon leur vocation spirituelle ou charnelle, mais également sainte ; si, placé ainsi entre ces deux mondes qui aujourd'hui se repoussent, je veux aider, par mon amour pour l'un et pour l'autre, à les rapprocher, à les unir, à faire qu'ils se rendent justice et charité mutuelles ; ne fût-ce que pour l'intention, je croirai avoir bien mérité des hommes et de Dieu.

Pardonnez-moi donc quand vous croyez que j'attaque *votre parti,* et pardonnez-moi aussi quand vous trouvez que j'élève trop le *parti contraire;* je vous l'affirme, de tous ceux qui ne communient pas explicitement avec l'Église, personne plus que moi n'admire l'Église pour son passé et n'a d'espoir en elle pour son avenir : et personne aussi, parmi tous ceux qui communient implicitement avec l'Église, n'a plus que moi d'ardentes sympathies, de religieux amour pour tout ce qui est en dehors d'elle.

Direz-vous qu'à force d'aimer tout le monde on n'aime personne ? Mais qui donc est le prochain ? Vous savez la réponse du grand maître en amour : Le prochain est celui qui exerce la *miséricorde.* Croyez-vous que la *miséricorde* ne se trouve que dans l'Église ? Il y a des Samaritains encore.

Traitez-moi, je vous en prie, comme le Samaritain de l'Évangile, et laissez-moi croire à la vertu et au salut hors de la communion avec l'Église, sans que cette croyance blesse la vôtre. Vous communiez avec les catholiques seuls ; je me sens en communion avec tous les hommes, avec le monde entier qui m'environne ; je sens Dieu *en moi* et *hors de moi*, en nous.

Le jour où l'Église enseignera aux hommes que Dieu est *en eux*, même sans qu'ils le sachent et quoiqu'ils le nient, ce jour il n'y aura plus qu'un seul troupeau et un seul pasteur (saint Jean, X, 16), et la communion manifestera que Dieu, *en effet*, est *en tous*, et qu'il ne s'incarne pas seulement, par une volonté individuelle, dans quelques privilégiés de son amour. — « Il était *dans le monde*, et le monde a été fait par lui, et le monde ne l'a point connu. » (Saint Jean, I, 10.) Qui donc autorise l'Église à croire qu'elle le possède seule et qu'elle seule en dispose ? — Qu'elle enseigne sa volonté à tous, qu'elle le fasse aimer par tous, qu'elle le révèle à ceux qui ne croient pas le posséder, eux qui ont face humaine ; mais pour cela ne faut-il pas qu'elle-même, devant tout homme, s'approche et s'incline, comme devant un frère qui, quel qu'il soit, porte en lui *la vie* ? « Dans lui était *la vie*, et la vie était la lumière *des hommes.* » (Saint Jean, I, 4.) « Celui-là était la vraie lumière qui illumine *tout homme* venant en ce monde. » (Saint Jean, I, 9.) Tous les textes sacrés s'opposent à cet accaparement, et l'Église n'a pas effacé ces textes !

Les protestants, les musulmans, les idolâtres sont dans l'erreur ; soit ! Mais quelle est leur erreur ? C'est précisément de ne pas croire que Dieu soit *en eux* et *dans le monde;* s'ils le croyaient, ne se sentiraient-ils pas en communion fraternelle même avec le catholicisme ? Ne se sentiraient-ils pas un même passé, un même présent, un même avenir, un seul Dieu en tous et pour tous ? Que l'Église le leur apprenne, et, pour cela, qu'elle commence à voir Dieu dans le protestantisme, dans le mahométisme, dans l'idolâtrie, puisqu'elle le voit si bien en elle-même. A-t-elle donc aussi des yeux pour ne point voir *la lumière du monde*, pour ne pas discerner *la vie* ? Cessera-t-elle de tolérer *la mort* de l'homme par l'homme, la guerre ? Osera-t-elle enfin condamner l'homme qui tue à la réprobation de ses semblables, quand bien même la tuerie impie se ferait au nom de Dieu ? Tant que l'homme, fût-il Pape, croira qu'il donne, selon sa volonté, Dieu à l'homme, et que Dieu ne s'est pas donné lui-même à *tous*, dans la plénitude de sa grâce vivante; tant qu'il y aura un intérieur divin d'Église et un dehors satanique d'Église, le prince du monde, la guerre, trônera à côté de l'Église, recevant presque des bénédictions de l'Église elle-même pour ses massacres, pour ses sacrifices humains.

Bien des hommes pensent aujourd'hui que lorsque les banquiers refusent d'ouvrir leurs caisses, une guerre est impossible; pourquoi l'Église ouvrirait-elle ses trésors pour la guerre? pourquoi, au moins parmi les peuples chrétiens, ne proclame-t-elle pas qu'elle se ferme à celui qui en attaquera un autre? A-t-elle peur de perdre ainsi quelqu'un de ses barbares enfants, parce qu'elle réprouverait sa barbarie? Ne sentez-vous pas que ce serait un enseignement pour le barbare et une récompense pour le pacifique? Et alors même, vis-à-vis des peuples qui ne sont pas chrétiens, il n'y aurait plus de tentatives de *conquêtes*, mais seulement des efforts progressifs d'*échanges* productifs et affectueux.

Tout cela est un rêve, direz-vous. — Je sais bien que ce n'est pas la réalité, et je ne vous le donne pas comme tel. Est-ce possible *un jour*, est-ce désirable, doit-on y aider, y pousser? Je le crois. — L'Église peut-elle, *dès ce jour,* proclamer ce rêve d'avenir, cette cité de Dieu, comme son espoir? — Ceci est plus délicat, et même je ne le crois pas. C'est à d'autres qu'elle à *annoncer* cette bonne nouvelle ; aussi d'autres l'ont-ils annoncée ; mais j'en ai la foi, ce sera surtout à elle de la *réaliser;* c'est pourquoi j'aime à vous en parler. Toutefois, dans cette route vers vous, je marche toujours sur des charbons ardents, craignant que vous ne trouviez mes rêves en dehors de votre foi et même contraires à votre foi, quoiqu'ils en soient, selon moi, l'accomplissement, et, pour ainsi dire, la continuation *logique.*

Si en toute chose comme en tout être, il y a un bon et un mauvais côté, et que le mauvais en moi consiste surtout à ne pas communier, défaut que je partage avec la grande majorité des hommes et avec un assez grand nombre de fils de catholiques, le bon côté ne serait-il pas qu'en dehors de l'Église il y a toujours eu des hommes qui ont préparé ses voies, avec ou sans intention, et que je suis de ceux qui le font avec intention? Vous dites vous-même que l'Église pourra recommander et adopter mon œuvre, à son jour, si elle la trouve bonne et moralisatrice; ce n'est pas à moi à provoquer ce jugement, mais certes je ne me ferais pas faute de répondre si j'étais interrogé; et vous voyez par vous-même que, lorsqu'on m'interroge, je parle plus longuement sans doute qu'on ne s'y attendait et qu'on ne le voudrait.

Laissez-moi ajouter encore qu'à d'autres époques, de glorieuse mémoire pour l'Église, un homme qui aurait été accusé de troubler la morale et la religion aurait pu être condamné par elle au bûcher, mais n'aurait pas été jugé, comme je l'ai été, par douze épiciers ou pharmaciens, étrangers à toutes choses religieuses et morales.

A d'autres époques, plus glorieuses encore pour l'Église, époques d'apostolat ou d'active conversion, l'Église portait sa main sur tous les hommes qui, en dehors d'elle, cherchaient Dieu avec ardeur et bonne foi; elle les cherchait elle-même, les devinait, les entourait, les embrassait, se les assimilait; c'était là qu'elle recrutait sa milice, même parmi ses adversaires et ses persécuteurs; elle leur criait: « Saul, Saul, pourquoi me persécutez-vous! »

Je n'ai pas entendu cette voix sur ma route,

4

même dans ma prison de Sainte-Pélagie, même au désert, sur les mers, ou dans les vagues du monde. Non, soyez-en convaincu, ce n'est pas affaire d'amour-propre et de cérémonie, si je prétends que l'Église doit faire *des avances* au au monde, et j'ose le dire, à moi-même; c'est de la foi, de la pure foi évangélique, tout aussi bien que de la foi religieuse *quelconque;* car toute religion constituée parmi les hommes a eu pour mission, pour première condition d'existence et de progrès, d'aller quêter les âmes à son Dieu; à aucune d'elles il n'a été dit de se croiser les bras et d'attendre qu'on aille la visiter, de se taire et d'attendre qu'on lui parle.

Le jour où l'Église, au lieu de s'inquiéter et de gémir de se voir méconnue par la philosophie, par la science, se montrera plus forte de science et de philosophie que tous les savants et tous les philosophes, elle n'aura ni besoin ni envie de les accuser de prêcher l'assassinat, la débauche et le brigandage; le jour où elle cherchera à s'emparer des hommes qui réellement lui paraissent assez forts pour ébranler l'édifice social, elle fera mille fois plus œuvre d'Église qu'en baptisant un malheureux Cochinchinois; le jour enfin où elle s'*humiliera* devant les orgueilleux du monde sera son jour de triomphe et de gloire.

Je vous vois rougir à ce mot, qui vous a déjà ému sous la forme *infaillibilité*. Quoi ! un chrétien ne peut entendre pour lui ce mot sacré d'*humilité !* Est-ce que le *Confiteor* n'est que pour l'humble fidèle ? et l'Église ne dira-t-elle jamais : *Meâ culpâ !* Où donc est écrite, dans l'Évangile, cette donation à l'homme d'un attribut de Dieu seul, l'*infaillibilité ?* Vous dites qu'elle y est en termes clairs ; c'est comme si vous disiez que l'*éternité* promise à l'Église est celle de Dieu même ; tous ces mots sont des superlatifs *humains,* soumis, comme tout ce qui est humain et fini, au plus et au moins ; ils n'ont pas la valeur *absolue* qui appartient à Dieu seul. — L'Église a eu un commencement, elle aura une fin ; elle a de sublimes vertus, mais elle fait des fautes ; elle atteindra, dans le *temps,* toute la durée fixée à l'humanité ; elle atteindra aussi toute la vertu, toute la lumière, toute la puissance permise à l'humanité ; mais, je le dis encore, elle n'est pas Dieu, même en portant Dieu incarné en elle ; car *il est celui qui est,* en tout lieu, en tout *temps,* de toute ÉTERNITÉ, dans toute l'IMMENSITÉ. C'est LUI, et non l'Église, qui est la suprême justice, la souveraine vertu, l'infaillible amour. Et ne m'accusez pas de vouloir ainsi priver le monde de la contemplation sur la terre, dans l'imposante souveraineté de l'Église, d'une représentation de cet infaillible amour; non, je ne dis pas que l'Église pèche sept fois par jour; je ne prétends pas surtout qu'elle pèche *plus* que tout ce qui n'est pas elle; à mes yeux, comme aux vôtres, elle est la *sainte* Église, *la plus parfaite* de toutes les institutions données par Dieu aux hommes pour les élever à lui; mais elle n'est pas Dieu, et jamais elle n'a prétendu l'être. Or, tout ce qui n'est pas Dieu est soumis à la naissance et à la mort, à la vertu et à la faute, parce qu'il n'y a qu'une seule vie éternelle, une seule vertu absolue, Dieu lui-même, de qui nous participons par sa grâce, en nous rapprochant sans cesse de lui, sans pouvoir jamais l'égaler et l'atteindre.

Que les fautes de l'Église soient des occasions et des moyens de progrès vers Dieu, pour tous et pour elle-même, je le crois fermement; qu'à chaque instant même elle ait fait, *comme institution*, ce qu'il y avait de mieux ou de moins mauvais à faire; qu'elle ait été constamment, sous ce rapport, l'institution modèle, première,

supérieure, parmi *toutes les institutions* humaines ; j'en suis encore convaincu ; car seule
elle est restée et reste *debout* au milieu des
ruines ; son ciment est le plus fort, le meilleur,
il durera pour *tous les siècles humains ;* c'est
de l'humanité fondue, coulée ; mais enfin c'est
de l'*humanité.*

Et voyez où l'on est conduit quand on n'a pas
cette ferme croyance ! Vous, par exemple, vous
pensez, sans aucun doute, que mon orgueil est
bien grand de vouloir *faire la leçon* à l'Église ;
par affection pour moi, vous craignez que cet
orgueil ne me perde ; et, sans avoir besoin de
descendre bien profondément au fond de votre
âme, je le vois sans peine, vous êtes convaincu
que je ne peux pas avoir raison contre les opinions exprimées *jusqu'ici* par l'Église ; bien plus,
votre foi vous donne une assurance telle, que
vous êtes très-certain de n'avoir rien à apprendre
de moi en matières religieuses ; de sorte que
vous me dites : « Mon intelligence, en matières
de religion, s'exerce dans de certaines limites
que *je ne veux pas* franchir. » Cette limite, c'est
la foi catholique, telle que l'Église vous l'a enseignée, et par conséquent aussi, telle que vous
l'avez comprise, car vous n'avez pas été pure-

ment passif dans cet enseignement. Vous consentiriez donc très-volontiers à apprendre de moi les mathématiques que je saurais mieux que vous, peut-être même une langue, si j'en parlais une autre que le français; mais de Dieu et de religion, vous n'avez de moi rien à apprendre. Je me trompe fort si je dénature sur ce point votre pensée.

Certainement vous n'avez pas du tout l'idée que ce soit là de l'orgueil; et pourtant vous savez qu'on craint peu celui qui est attaché à de petites choses; ni vous ni moi ne serions blessés qu'un cordonnier prétendît en savoir plus que nous et n'avoir rien à apprendre de nous en chaussures. Sans doute, vous allez me répondre que je ne suis en religion qu'un *amateur* et non un artiste de profession, et que vous écoutez un prêtre sur la religion, comme un cordonnier sur les chaussures, avec la conviction de votre ignorance. — Eh bien, vous diriez à moitié vrai : oui, je suis un *amateur,* un amant de Dieu; mais continuons la métaphore. Le cordonnier qui n'écoute pas l'amateur, l'amant de la belle chaussure, risque de rester dans la routine et de recopier de vieilles modes, bonnes pour chausser les *hommes de goût* d'un autre âge.

Si Dieu parle dans et par l'Église, il parle aussi, et bien haut, en dehors d'elle, et le monde veut avoir *chaussure à son pied*. Si Grégoire VII n'avait écouté que ce que demandait le clergé de son temps, s'il n'avait pas entendu ce que le monde *réclamait* du clergé, il n'aurait pas modifié, réformé l'Église, les couvents, et surtout la politique de Rome. Tant que l'Église n'a voulu écouter qu'elle-même, elle a soutenu que le soleil tournait autour de la terre, que Dieu l'avait *voulu*, et même l'avait formellement *dit* ainsi. Depuis lors, elle a passé condamnation ; et remarquez que je n'affirme pas qu'elle ait eu parfaitement raison de se laisser condamner par Galilée, Kepler et Newton ; j'aurais préféré surtout qu'elle eût reconnu *avant tous* son ERREUR.

C'est vous parler bien longuement de moi, mon cher monsieur ; mais il me semble qu'à propos de moi, il m'a été possible de toucher à quelques questions importantes ; d'ailleurs ces explications étaient devenues nécessaires ; je désire qu'elles soient suffisantes pour vous faire accueillir, sans trop vive peine, ma réponse à votre invitation de communion. J'aurais craint de vous peiner beaucoup plus en ne répondant pas à ce désir, où j'ai su lire votre affection pour

moi, et auquel vous croirez que je suis très-
sensible.

Malgré cette longueur démesurée, il faut pourtant que je réponde à quelques autres points de votre lettre.

Je ne crois pas plus que vous à l'ange Gabriel apportant le Coran à Mahomet, et, pour en finir plus vite sur ce point, je vous accorde que Mahomet a *menti*, qu'il a commis des actes d'*orgueil*, de *luxure*, tous les péchés que vous voudrez, et particulièrement l'assassinat nommé guerre. Mais, dites-moi si vous ne trouvez pas tout cela dans la Bible, à une très-haute dose. L'adultère, la luxure, le viol, l'inceste, la violence, la tuerie, ne sont-ils pas à l'usage des prophètes, des David, des Salomon et de Moïse lui-même? Je ne dis pas que chacun d'eux ait commis *tous* ces crimes. C'est pour ses *fautes* que Moïse n'a pas pu entrer dans la terre promise. Tous, comme Mahomet, sont des hommes et des hommes appartenant à des sociétés très-différentes de la nôtre du XIXe siècle. Je vous répète qu'il n'est pas plus juste de voir dans Mahomet un jongleur que de voir dans les prophètes juifs, à peu d'exceptions près, des scélérats qu'on enverrait au bagne, de nos jours, avec le grand Caton, l'assassin d'esclaves.

« Allez, vous autres, à cette fête-ci ; pour moi, *je ne vais pas à cette fête-ci*, parce que mon temps n'est pas encore arrivé. Ayant dit ces choses, il demeura en Galilée. Mais lorsque ses frères furent partis, *il alla aussi lui-même à la fête*, non pas *publiquement*, mais comme s'il eût voulu se cacher. » (Saint Jean, chap. VI, v. 8, 9, 10.)

En concluez-vous que Jésus est un menteur et un sournois? — Dieu vous en garde ! — Pesez le bon et le mauvais, avec Mahomet aussi bien qu'avec les prophètes hébreux, car il ne s'est dit *que* prophète. Alors vous aurez vraiment *jugé*. — Vous vous plaignez de ce que le Coran dit le pour et le contre ; de ce qu'il est tolérant au second chapitre et intolérant au troisième ; mais vous oubliez que l'Évangile lui-même est plein de ces divines contradictions si *humaines*. Jésus, ici agneau de douceur, apporte l'épée un peu plus loin ; il ordonne d'honorer son père et sa mère, et il ordonne aussi de les abandonner pour le suivre ; il ressuscite les morts, mais il laisse aux morts le soin d'enterrer les morts. L'un des évangélistes dit : Ceux qui ne sont pas avec moi sont contre moi ; l'autre dit : Ceux qui ne sont pas contre moi sont avec moi ; ce qui est très-différent. C'est qu'en effet l'homme *doit* être tantôt sévère et tantôt indulgent, vif et lent, ardent et patient, selon le temps, le lieu, les hommes, selon la volonté de Dieu dans la suite des jours, des années et des siècles. Tout livre qui ne serait pas susceptible de la double interprétation faite par le dualisme humain, n'aurait pas, au contraire, le caractère d'inspiration divine ; il pourrait être à l'usage des anges ; mais certes il ne serait pas à l'usage des hommes.

Comparez saint Marc à saint Jean ; ce n'est pas pour rien que le lion et l'aigle les accompagnent. Je suis bien sûr qu'il y a dans l'Évangile beaucoup de versets qui autorisent l'enthousiasme impatient des convertisseurs martyrs, mais je suis sûr qu'il y en a tout autant qui légitiment la prudente patience employée si souvent par l'Église.

L'important, *aujourd'hui*, c'est de voir dans le Coran, et de faire lire aux musulmans les passages applicables à un rapprochement avec les chrétiens, puisqu'*en ce moment* il est bien que les uns et les autres se touchent autrement qu'avec le sabre. En leur répétant que leur livre est intolérant, ce qui n'est vrai qu'en partie, je ne vois pas quel bien on ferait à eux et à nous. Pour toutes choses ce principe est applicable : On ne prend pas les mouches avec du vinaigre.

Je n'ai pas dit que des martyrs, et particulièrement ceux du XIXe siècle, n'aient pas eu *en vue* le dogme pur; j'ai dit, et je le dis même pour les Cochinchinois ou Chinois, que les *martyriseurs* n'ont jamais martyrisé pour le dogme pur, mais pour les conséquences *sociales* de l'enseignement des doctrines prêchées par les martyrs.

« On n'apercevait pas, à Rome, dites-vous, que la prédication de la fraternité relâchât les liens d'obéissance entre le maître et l'esclave. » — Cela prouverait qu'à cette époque les Romains n'avaient pas la vue fort longue, puisque les nombreux affranchissements remontent aux premiers temps du christianisme. Je n'ai pas en ce moment de textes à vous citer, mais je vous engage à vérifier de votre côté, car la chose serait vraiment merveilleuse, et je crois pouvoir assurer que les chrétiens ont été accusés de briser *tous* les liens sociaux. Or, l'esclavage était celui de ces liens auquel le patriciat romain tenait le plus, car il ne tenait déjà plus à ses dieux, à ses empereurs, ni à ses femmes; mais bien à ses richesses, absolument comme de nos jours. Aussi vous verriez comme les *chevaliers* enrichis de nos jours recevraient les hommes qui, inspirés par la fraternité chrétienne, s'aviseraient de corner aux oreilles des ouvriers des sucreries de betterave qu'ils doivent entrer *en partage* de l'indemnité. Ils ne s'inquiéteraient pas de savoir si ces perturbateurs croient au Père ou au Saint-Esprit et à leur procession orthodoxe; ils les mettraient à Sainte-Pélagie, jugés et condamnés par des *chevaliers* épiciers, sans même regarder s'ils payent tribut à César, vont à la messe, et sont avec les femmes des petits saints.

Un mot aussi en réponse à ce que vous me dites encore de Grégoire VII. — « Sa puissance, *toute morale*, n'était pas une puissance temporelle proprement dite, constituée et reconnue; c'était la *prédominance* du pouvoir spirituel, due en partie au caractère du Pape et à la considération *personnelle* dont il jouissait. » — Vous reconnaissez donc que lorsque le Pape jouissait d'une haute considération personnelle, le pouvoir spirituel exerçait une *prédominance* sur le pouvoir temporel. Depuis assez longtemps cette prédominance *grégorienne* n'existe plus;

est-ce que vous en concluez quelque chose de peu flatteur pour le caractère et la considération des Papes ? Mais, au reste, là n'est pas précisément la question entre nous ; vous dites que ce n'était pas là cette *autocratie* dont les types sont à Saint-Pétersbourg et à Constantinople. Je vous jure que le gouvernement à la fois spirituel (intellectuel) et temporel (industriel) que je rêve pour l'avenir ressemble beaucoup plus à l'autorité MORALE d'un Pape *considéré*, qu'à celle d'un Czar ou d'un Sultan *constitués*, quelque considérés qu'ils soient, car le gouvernement que je rêve est *pacifique*, et c'est en lui supposant une puissance toute MORALE qu'il m'est possible de le croire digne de DIRIGER également le spirituel et le temporel, l'*enseignement* et les *actes*, le *dogme* èt le *culte*, la *science* et l'*industrie* des peuples. La prédominance du spirituel sur le temporel, de l'intelligence sur les actes, des théoriciens sur les praticiens, selon moi, ne serait pas du tout MORALE aujourd'hui, quoiqu'elle ait pu être utile, convenable, nécessaire en certains lieux et en certains temps. Ce qui serait moral aujourd'hui et pour l'avenir, ce serait de diriger, de gouverner, avec un ÉGAL AMOUR, le *spirituel* et le *temporel*.

Certes, je ne puis pas vous contraindre à donner aux mots l'acception que je leur donne, mais je crois que j'aurais encore plus mauvaise grâce à créer des mots nouveaux lorsque l'acception des mots anciens présente une analogie assez grande avec l'acception que je leur donne. Puisque, même pour vous, dans votre phrase que je cite, puissance *morale* est bien distinct de puissance *spirituelle*, je vous prie de préciser dans votre pensée cette féconde distinction; et si cette précision vous autorisait à reconnaître qu'il y a trois pouvoirs comme il y a *trois* personnes en Dieu (ce qui devrait, ce me semble, vous paraître assez légitime et raisonnable), le pouvoir MORAL vous semblera être le TRAIT D'U-NION nécessaire et providentiel entre le pouvoir des *esprits* et celui des *corps*, entre le pouvoir qui *sait* et *enseigne*, et celui qui *fait*, qui *produit*, comme le SAINT-ESPRIT est le lien du PÈRE et du FILS.

Or, ce troisième pouvoir n'a pas été encore *constitué*, et voilà pourquoi, selon le caractère des Papes ou des chefs temporels, l'autorité *morale* a été tantôt avec Rome, tantôt avec le monde, l'une ou l'autre *prédominant*, selon les époques, l'une et l'autre toujours en lutte, et

prétendant, l'une et l'autre, régir MORALEMENT,
Rome, les *esprits,* et César les *corps.* Toutefois, comme l'Église portait en elle le germe de
paix, tandis que le monde renfermait le vieux
ferment de la *guerre,* il est dans les destinées
de l'Église, à travers ses victoires et ses défaites, de *vaincre le monde,* et d'instituer ces trois
pouvoirs du royaume de Dieu, au nom de la
Très-Sainte TRINITÉ, qui n'a pas encore paru
sur la terre dans son imposante UNITÉ.

Le Père, le Fils et le Saint-Esprit, se révélant
successivement au monde, l'ont conduit vers
eux, vers *leur royaume;* nous y touchons;
l'avenir les adorera *simultanément.* Le *dogme*
ou la science, le *culte* ou la culture de l'humanité
et du monde, seront UNIS par et pour l'AMOUR DE
DIEU, *la morale;* et ce sont ces trois faces de
la vie humaine qui *constitueront* enfin la réli-
gion universelle, qui n'est pas encore *constituée,* mais qui est seulement *instituée* dans
l'Église, pour l'UNIR avec le monde et *constituer*
ainsi l'unité humaine, à l'image de la triple unité
divine.

Il me reste encore un point bien important,
qui a fait le sujet principal de mes dernières
lettres, et que vous traitez toujours avec une

quasi indifférence qui me fait vous demander à
l'avance pardon de ce que je vais vous dire,
parce que je sens que ma persistance doit vous
paraître d'autant moins bien placée, que l'objet
vous semble moins digne d'attention. Je veux
vous parler encore du *maintenant*.

« Puisque M. de Ravignan ne connaissait pas
la question, cela doit me prouver, dites-vous,
qu'elle n'a pas été *soulevée* au sein de l'Église.»
— Aussi n'ai-je jamais dit qu'elle y ait été soulevée, j'aurais plutôt dit qu'elle a été *étouffée*
au sein de l'Église gallicane. D'ailleurs, de ce
qu'une question n'a pas été soulevée au sein de
l'Église, il n'en faudrait pas conclure qu'il ne
fût pas bon que l'Église s'en occupât, ni même
que vous vous en occupassiez ; la grande question astronomique soulevée par Galilée a été
soulevée dans le monde, et l'Église même, en
essayant de l'étouffer au berceau, a bien été
obligée de s'en occuper lorsque cette question a
grandi dans le monde.

Quoi ! parce que Jésus a eu, après trois siècles, quelques millions d'adorateurs, martyrs
encore de leur foi ; parce que ces adorateurs ont
formé *une* société religieuse, *une* nation religieuse, *un* royaume religieux, vous en concluez

que c'était là le *regnum meum* promis au monde entier ! C'est n'être pas difficile et vous contenter de peu. Quand bien même tous les catholiques seraient satisfaits de cette interprétation très-libre, tous les autres hommes ne peuvent certes pas se douter qu'ils vivent dans le royaume de Dieu.

Mais ceci m'écarterait du débat principal; je reviens à M. de Ravignan. Il ne connaissait pas cette question; cela prouve, me dites-vous, qu'on n'a pas attaché d'importance à ce mot. — Dans l'ordre logique, cela prouverait, sans doute, qu'*on* n'attache pas *maintenant* d'importance à ce mot; cela prouve un peu moins qu'on n'en a pas attaché *autrefois*, et cela ne prouve pas du tout qu'on n'en attachera pas *un jour;* car je suis convaincu que, dès à présent, M. de Ravignan et vous aussi attachez *plus* d'importance à cette suppression, puisque vous l'ignoriez l'un et l'autre il y a peu de temps, et que vous la connaissez *maintenant*.

Laissez-moi vous dire que je suis confondu de voir un homme aussi religieux, aussi consciencieux, aussi vrai que vous, s'efforcer (sous prétexte que le latin, ignoré du peuple, est resté intact) de traiter en jouant et comme bagatelle une mutilation de la parole sacrée, mutilation qui est dans tous les livres de messe que lît *le peuple* au vendredi saint.

J'ai fait vérifier dans les bibliothèques royales, de Sainte-Geneviève, de la Sorbonne, les Bibles traduites. Pas une seule Bible protestante n'est entachée de cette suppression; toutes les Bibles traduites pour l'Église catholique, avec approbations épiscopales ou de Sorbonne, pour des rois ou pour des prêtres ou pour le peuple (et il y en a un assez grand nombre), toutes, depuis 1487 jusqu'à 1667 exclusivement [1], portent fidèlement la traduction du *nunc*. Celle même de Michel de Marolles, de 1655, qui contient une épître aux prélats de l'Église *gallicane*, et qui, en 1649, avait paru avec approbation des docteurs en théologie de la Faculté de Paris [2], renferme *maintenant*. Mais depuis 1667, c'est-à-

1. Mons, G. Gigeot, dont la réimpression de 1675 est publiée avec permission de l'archevêque de Cambrai, (Voir la Note B, page 205, *lettre au Courrier français.*)

2. Ces docteurs disent : « Nous n'avons rien trouvé qui ne soit conforme à la foi catholique, apostolique et romaine; mais, outre cela, nous avons trouvé cette traduction au point que la désire Gerson, ce fameux chancelier de Paris, pour profiter au public parlant : *De Biblia bene et vere in gallicum translata. Quinta inter decem considerationes adversus adulatores principum.*

dire avant celle même de de Maistre de Sacy, le *maintenant* est supprimé universellement dans les traductions de la Bible complète, ou du Nouveau Testament, ou même dans les livres de messe.

Que cet accord unanime des traducteurs soit involontaire; qu'ils se soient tous bornés à copier le premier traducteur infidèle; qu'ils n'aient pas même jeté les yeux sur le latin en regard, qu'aucun d'eux n'ait eu la curiosité de comparer sa traduction avec les traductions collatérales du protestantisme, certes cette légèreté serait merveilleuse, miraculeuse, et il faut croire, pour la comprendre, que Dieu a singulièrement aveuglé les traducteurs de sa parole. Mais j'admets, tant que vous voudrez, l'inadvertance de ces bonnes gens; je les fais aussi simples qu'il vous plaira de le supposer, car je n'ai pas envie qu'on les condamne au feu éternel ou même seulement temporel; toujours est-il, je le répète, que je suis confondu de vous voir, vous, traiter la chose en indifférente et peu importante peccadille.

Je vous demandais, dans ma précédente lettre, de ne pas *laisser de côté* ce *maintenant,* et voici aujourd'hui que vous enchérissez; vous en faites fi et le conspuez presque; il m'est impossible de vous en délivrer, à moins que vous ne me disiez positivement qu'il ne vous convient ni d'examiner ce point avec moi, ni surtout de me répondre sérieusement aux questions que, selon moi, il soulève, lui qui n'a pas été *soulevé* par l'Église.

Oui, *ce mot* soulèvera, relèvera et réveillera l'Église de Rome, endormie par l'habile et sublime parole de Bossuet; endormie, puisqu'elle n'a pas veillé, depuis bientôt deux siècles, sur le dépôt du *verbe*, et l'a laissé traduire contre la vérité, contre le monde, contre elle, contre Dieu, à contre-sens de l'Esprit-Saint et de la lettre sainte. Si le latin est la langue du prêtre, l'Église sait bien qu'elle ne doit tolérer dans la parole du *fidèle* que ce qui est fidèle à la foi officielle; l'Église n'a pas deux doctrines, sous peine de mourir comme toutes les religions qui ont eu des secrets *ésotériques* et des mensonges *exotériques*. Sur rien au monde il ne nous serait possible de nous entendre, si sur un point aussi clair, aussi simple, votre loyauté ne tombait pas d'accord avec la mienne; si vous ne blâmiez pas comme moi, et au moins aussi fortement que moi, une infidélité flagrante, quand bien même nous n'en tirerions pas les mêmes conséquences pour l'avenir. Plus vous êtes convaincu que la question n'a pas été soulevée au sein de l'Église, plus vous auriez dû vous sentir libre d'acquiescer à la réprobation d'un pareil fait, sauf à rétracter cette naturelle condamnation des faussaires de la parole, si l'Église, par les lumières vivantes qu'elle vous donne, avait blâmé votre saint zèle pour la vérité, pour le respect de la parole évangélique.

On m'a dit souvent que lorsque je m'étais mis en tête de communiquer une idée, je l'enfonçais comme un clou, frappant, frappant toujours, jusqu'à ce que bois, clou ou marteau se brisent; c'est, en effet. mon défaut; pardonnez-le-moi; ne cassons rien; mettez l'huile de votre bonté sous le violent effort de ma ténacité.

Adieu; mon cher monsieur, l'assurance de votre affection et les témoignages d'amitié que vous me transmettez de la part de votre famille me sont choses bien douces, je vous assure; conservez-moi cette bonne compensation de beaucoup de peines, et croyez que je vous rends, à tous, ce que vous voulez bien donner à votre tout dévoué.

P. E.

CCCXLIIIᵉ LETTRE

—

A M. ALBERT DU BOYS

Paris, 19 juin 1843.

Mon cher monsieur, votre lettre est si bonne, si affectueuse pour moi, que je ne sais vraiment comment y répondre, car je suis presque certain de rendre à votre cœur des blessures pour vos caresses, du fiel pour du miel; et pourtant ce n'est pas seulement par reconnaissance pour vos bonnes paroles que je voudrais pouvoir vous en envoyer qui vous fussent douces; vous et votre famille, vous m'étiez chers, et bien chers, avant que vous m'eussiez dit qu'elle priait pour moi, que vous priez pour moi, et que, par vous, sans doute, de saints prêtres invoqueraient pour moi la divine lumière. Je reçois de grand cœur, comme une force nouvelle, ce religieux témoignage d'affection. Je *crois*, soyez-en convaincu, à son efficacité; j'en rends grâce à ceux qui prient pour moi, et à Dieu de leur avoir inspiré cette charitable pensée; mais charité oblige, bien plus encore que noblesse : voyez donc comment je vais oser répondre à vos bonnes prières.

Je ne vous ai pas demandé, dans mes quatre dernières lettres, comment il fallait *entendre* le v. 36 du chap. XVIII de saint Jean, mais simplement comment il fallait le *traduire;* et malgré mes efforts, je n'ai pas pu avoir de vous une réponse nette, directe sur ce point. La personne qui en a parlé à M. de Ravignan n'a pas été plus heureuse, comme je l'écrivais naguère, nous avons présenté à un Romain (vous), à un Jésuite (M. de Ravignan), une arme contre le gallicanisme et le jansénisme; convaincus, en flagrant délit, de *fraude pieuse,* et l'un et l'autre vous avez cru que cette arme était dirigée contre vous !

Que le débat sur ce point soit donc clos entre nous, vous le désirez. Mais comme je ne pense pas, avec M. Isambert, que la déclaration de 1682 soit le dernier mot de la France religieuse; comme je ne suppose pas que vous preniez cette charte pour une décision de l'*Église universelle,* j'attendrai, pour en reparler avec vous, que vous ayez senti vous-même que cette charte gallicane touche à son terme, et qu'il est bon de s'occuper des moyens de la reviser et, entre nous, auparavant, de la *juger*.

Dans mon opinion, on ne fera rien relativement à la liberté de l'enseignement, même en invoquant la charte de 1830, tant qu'on n'osera pas remonter à celle de 1682, rien contre le protestant Guizot et le janséniste amoindri Martin (du Nord), ou le philosophe Cousin, ou le littérateur Villemain, tant qu'ils seront retranchés derrière le gallican Bossuet. De Maistre et Lamennais l'ont senti et exprimé clairement, et c'est en grande partie ce qui fait que je les considère, malgré leurs erreurs, comme les plus forts *politiques* religieux de ce commencement du XIXe siècle. Vous n'en êtes pas là ; je suis convaincu que vous y viendrez ; attendons. Bossuet passera plus vite encore que Luther, et même il faut qu'il passe, pour que Luther passe, comme il faut que le juste-milieu passe, pour que nous nous sauvions de la République.

Ceci ne veut pas dire qu'en nous délivrant du juste-milieu et de la République, ou de Bossuet et de Luther, Dieu nous *ramènera* à Louis XIV ou à Léon X ; mais cela signifie qu'il nous *entraînera* vers une *société* politique et religieuse, et non vers une *anarchie* ou une *confusion* politique et religieuse. Cette nouvelle société politique ne sera ni celle du xvıı° siècle ni celle du xv°, mais enfin ce sera une société et non pas des agglomérations d'individualités hostiles, comme celles qui résultent du protestantisme, du gallicanisme, de la République et du juste-milieu.

A mes yeux, cette *nouvelle* société sera beaucoup plus proche du royaume de Dieu que toutes les sociétés du passé ; elle s'en rapprochera d'autant plus et d'autant plus vite que l'Église elle-même l'enfantera avec *espoir*, sans *regrets* sur son passé, et considérant les maux qu'elle-même a soufferts, dans ce siècle et dans les siècles précédents , comme l'accomplissement de la parole : Tu enfanteras dans la douleur.

Les cours de Quinet et Michelet ne tarderont pas à pousser la question jusqu'à ces termes. L'évêque de Bellay admonesté par Martin (du Nord), en face de M. Isambert et de ses honorables collègues ; l'évêque de Chartres traité en petit garçon par le professeur de littérature Saint-Marc Girardin, n'est-ce donc pas assez pour que l'épiscopat comprenne ce qu'il en coûte d'être gallican? N'est-ce pas assez pour qu'il voie en de Maistre un *prophète?*

Je sais bien qu'aujourd'hui personne ne croit

moins à la possibilité de l'apparition des prophètes que les chrétiens, les bons chrétiens, les
catholiques surtout. Plus on croit à ceux de
l'antiquité juive, moins on est disposé à croire
que Dieu puisse se servir *aujourd'hui*, dans ce
siècle lumineux, de ces grandes étoiles du ciel
qui guident les hommes.

Est-ce que vous trouveriez aussi que cette âme
de de Maistre n'a pas plus de prix que celle d'un
Cochinchinois? Remarquez bien que je ne m'a-
vise pas de vous dire ce que pense Dieu sur ce
point; c'est de vous, et en général de tous les
hommes, et non pas de Dieu, que je parle, et
vraiment vous m'avez surpris en me disant :
« Vous paraissez croire que votre âme a plus de
prix que celle d'un Cochinchinois. » — Oui,
certes, je le crois, je le crois très-fortement,
j'en ai la conviction très-intime, sauf le jugement de Dieu, mais, quant à moi, j'y crois, et
je crois même que tout chrétien qui n'y croit pas
est aveugle, ou bien est d'une indifférence sur
toutes choses, d'un panthéisme semblable à celui
d'un homme qui ne distinguerait pas une vessie
d'une lanterne, sous prétexte que Dieu est toute
lumière.

Sans doute, nous ne pouvons pas pénétrer les

voies de la Providence d'une manière *absolue*, et elle nous surprend souvent de façon à confondre nos calculs, nos raisonnements aussi bien que nos sympathies. Elle nous a pourtant donné des sentiments et une raison pour en faire quelque chose, pour distinguer le grand du petit, le bon du méchant, l'âme importante de l'âme négligeable, de Maistre d'un Cochinchinois, et elle ne nous engage pas du tout à lui fournir des occasions de nous surprendre, c'est-à-dire à chercher ce que nous ne devons pas trouver.

Ceci me ramène à moi, puisque je parle du Cochinchinois, et pourtant j'aurais bien mauvaise grâce de répondre par une plaisanterie à ce paragraphe si affectueux de votre lettre qui m'a touché, je vous le dis, jusqu'aux larmes. Vous avez rappelé d'une manière bien bonne et bien tendre le souvenir de la voix du chemin de Damas, en me parlant de certaines ouvertures qui m'auraient été faites par un digne prêtre.

Les souvenirs et sans doute les bonnes intentions de l'abbé Landmann l'ont, je crois, trompé, ou du moins les *insinuations* dont vous me parlez ne m'ont nullement frappé; et ce qui le prouve, c'est que je n'y ai pas *répondu;* or, sur pareil sujet, avec lui comme avec vous, je n'aurais pas gardé le silence. C'est une bonne fortune pour moi quand un homme religieux, quand un prêtre me parle religion, en me prouvant qu'il sait à qui il parle ; et je n'ignorais pas que l'abbé Landmann savait à qui il parlait.

Vous n'êtes pourtant pas le premier, mon cher monsieur, qui m'ayez *rappelé* ; mais permettez-moi de vous dire que saint Paul a dû avoir bien des *rappels* énergiques ou tendres , lui, le circoncis, l'ancien persécuteur de l'*avenir*, le Juif; hélas ! ces *rappels* du passé ne résonnaient pas comme l'*appel* d'avenir.

Vous savez bien ce que ma famille est pour moi; de là aussi, depuis quinze ans, est partie, sans discontinuer, la voix du *rappel*, sous sa forme la plus douce; je peux avouer aussi que cette voix m'a fait entendre ses accents de rudesse dans les condamnations et les injures du monde; mais par toutes ces bouches, je vous le dis encore, à vous-même, après votre si bonne lettre, j'ai entendu *répéter*, ce que j'avais appris, ce que je savais, aussi bien et souvent mieux que ceux qui me rappelaient, mais je n'ai pas entendu annoncer une *bonne nouvelle* pour tous.

Et, par exemple, vous me dites qu'un dialec-

ticien tel que moi doit admettre l'*infaillibilité
absolue* de l'Église, du moment qu'il se sera
donné la peine de la creuser et de l'approfondir.
Croyez-vous donc que je ne l'aie pas déjà creusée
et approfondie, et que ce soit pour la première
fois que j'en aie parlé dans ma lettre dernière?
Je vous avais dit que l'*infaillibilité*, aussi bien
que l'*éternité* promises à l'Église, n'avaient pas
le caractère ABSOLU de l'éternité et de l'infaillibilité de Dieu; vous en seriez convenu vous-
même, si vous vous étiez arrêté sur ce mot
d'*éternité* que j'avais mis exprès en regard
d'*infaillibilité*, pour que ma pensé fût plus
claire; car il ne vous viendrait pas à l'idée de
faire l'Église *coéternelle* avec Dieu, et, par
conséquent, vous n'auriez pas fait l'Église infaillible, impeccable, parfaite, à l'égal de Dieu;
pour vous-même ce serait blasphémer; et quand
vous me dites que vous prenez l'infaillibilité pour
un *substantif très-positif*, vous ne résolvez
pas la question, car le substantif le plus positif
est Dieu, ce qui ne l'empêche pas d'être le su-
perlatif de tous les superlatifs humains, l'infini,
CELUI QUI EST.

« Toute autorité est nécessairement infaillible,
sous peine de n'être pas autorité *infaillible*. »

— De cette manière la phrase serait claire et n'aurait pas besoin de dialectique. Mais ce serait l'abus de toute dialectique qui ferait soutenir que toute autorité est nécessairement infaillible, sous peine de n'être pas autorité, même en matière spirituelle, comme vous le dites ; car, pour le chrétien, il y a eu une autorité spirituelle faillible, la loi juive, puisqu'il a fallu Jésus pour *l'accomplir ;* et si vous dites que la loi juive était infaillible, *en ce sens* que ses promesses se sont réalisées ; je répondrai que lorsqu'on est infaillible *en un sens,* c'est une preuve qu'on ne l'est pas *en tous sens,* comme Dieu.

Voyez encore ici un exemple semblable à celui du *maintenant :* parce que je vous dis que l'infaillibilité de l'Église, ainsi que son éternité, ne sont pas absolues, comme celles de Dieu, vous êtes ému, vous croyez que *j'attaque* l'Église ; et quand bien même j'ajoute que cette institution est aussi parfaite (c'est-à-dire aussi améliorante) qu'il soit possible à une institution de l'être ; quoique je dise qu'elle pèche moins que toute autre institution ; que, fondée sur la paix, et mieux encore *pour* la paix, sa durée sera celle de l'humanité tout entière, jusqu'à la fin des siècles humains ; enfin, *quoique* je me garde de l'égaler à Dieu, mais aussi peut-être *parce que* je ne l'égale pas à Dieu, vous croyez que je prononce une hérésie.

Ici, il est vrai, je suis adversaire des ultramontains exagérés, qui feraient volontiers de l'Église, et peut-être du Pape tout seul, Dieu lui-même incarné, comme j'étais adversaire des gallicans à propos du *maintenant;* et, en effet, dans le xviie siècle, ces deux opinions extrêmes se sont trouvées en présence et ont donné lieu à un débat qui n'est certes pas fini à vos yeux (quoiqu'il le soit à peu près aux yeux des gallicans), car un concile œcuménique n'a pas prononcé depuis lors sur ces graves difficultés.

Vous dites que l'Église *n'aura pas de fin* militante sur la terre, et sera *éternellement* triomphante dans le ciel; mais qui milite à chaque instant est vainqueur ou vaincu; votre opinion serait-elle que l'Église militera sans cesse sur la terre, et ne triomphera que dans le ciel? Je ne le pense pas; vous n'exprimez donc pas votre opinion entière sur les combats terrestres de l'Église, quand vous dites qu'elle n'aura pas de fin *militante* sur la terre. De même, lorsque vous ajoutez qu'elle *sera* triomphante dans le ciel, comme vous ne croyez pas qu'elle le *soit* ni qu'elle l'*ait* été, voilà une éternité posthume qui est fort loin, ce me semble, d'être égale ou comparable à l'*éternité* divine, qui EST, A ÉTÉ et SERA.

Soyez-en sûr, je n'abuse pas de la dialectique en refusant de donner au *fini* ou à l'*indéfini* les attributs de l'INFINI. Sans de pareilles distinctions, il n'y a pas de langue possible.

Oui, l'Église a milité et militera jusqu'à l'accomplissement des destinées humaines sur la terre; elle a milité depuis dix-huit siècles avec une habileté devant laquelle celle de César lui-même est pâle et mesquine, et chacun de ses combats, même ceux qui la décimaient, a été une victoire pour l'humanité tout entière, dont elle était la sainte milice. Ce n'est pas pour le triomphe, pour le salut de l'Église, que l'Église a été instituée, c'est pour le salut et le triomphe de l'humanité; vous semblez l'oublier. L'Église militera donc pour l'humanité, tant que l'humanité n'aura pas accompli ses destinées; elle ne sera définitivement triomphante qu'*avec, par* et *pour* l'humanité. Elle a été instituée, il y a dix-huit siècles seulement, lorsque déjà, depuis bien des siècles, l'humanité vivait sur la terre; elle a été instituée parmi les hommes, cette sainte milice humaine, pour la race humaine tout entière; elle ne sera triomphante que lorsque l'humanité elle-même triomphera.

Non, l'Église n'est pas, par rapport à l'humanité, ce qu'un pasteur est pour son troupeau, ce qu'un homme est pour le chien qui lèche la main et se couche aux pieds de son maître, ce qu'un prêtre de Thèbes était pour le peuple d'Égypte, et le brahme pour un paria. L'Église du Christ, la première de toutes, a été faite *humaine*, imparfaite dans le temps, mais *perfectible*, provoquant le *progrès* de tous vers Dieu, s'emparant de tous les *progrès* accomplis en dehors d'elle, pour en répandre les fruits sur le monde.

Vous me trouvez bien exigeant dans mon espoir de voir l'Église se confesser *humaine;* mais vraiment je vous trouve, de mon côté, bien peu exigeant dans votre quiétude, en la voyant sans cesse se confesser *vaincue* et pleurer ses défaites. Depuis deux ou trois siècles elle ne fait que gémir; tantôt c'est sur Luther et Calvin qui lui enlèvent ses enfants d'Allemagne, ou sur Henri VIII qui lui prend ceux d'Angleterre, ou sur le gallicanisme qui lui gâte ceux de France, ou sur l'Amérique anglaise qui crée un nouveau monde hérétique, ou sur la Russie qui lui vole ses Polonais, ou bien enfin sur l'Université de France qui, sous les yeux des évêques gallicans, prêche le brigandage, dit-elle.

Soyez-en donc certain, c'est la grandeur et la puissance de l'Église, c'est *sa gloire* que je désire en lui parlant d'*humilité* pour elle.

Vous avez beau dire que les Gnostiques, les Ariens, les Manichéens sont éteints, et que le Luthéranisme mourra à son tour, tandis que l'Église vit et vivra; il n'en est pas moins vrai qu'à toutes les sectes d'Orient a succédé le mahométisme, et que l'Église d'Occident se trouve aujourd'hui divisée tout autant que l'était l'Orient au xiv⁰ siècle; Luther et Calvin valent bien Arius et les hérétiques ou schismatiques d'Asie et d'Afrique. L'Empereur de Russie donne, ce me semble, quelques inquiétudes; l'état de la catholique Espagne n'est pas fort satisfaisant pour Rome; et parce que quelques anglicans se papisent ou à peu près, parce que l'Irlande, mourant de faim, crie, il ne faudrait pas chanter trop victoire, et dire que c'est là *vivre;* car c'est vraiment être *malade.*

Vous répondez quelques mots à plusieurs passages de mes lettres où je vous parlais de la guerre; mais il me semble que vous avez écarté la vraie difficulté. Elle résidait, selon moi, dans les *bénédictions contradictoires* du Dieu des armées, manifestées par des *Te Deum* chantés *en même temps* chez deux peuples *en guerre.* Vous croyez qu'il y a des occasions légitimes de guerre entre les hommes, outre le cas de défense contre *la force* attaquante ; c'est une question très-secondaire. Je soutiens qu'il y aurait moins d'occasions de guerre, légitime ou illégitime, si l'Église rendait au judaïsme et laissait à Moïse cette vilaine forme de langage qui donne à Dieu le nom de Dieu des armées, c'est-à-dire Dieu des tueurs.

Quant aux guerres que vous appelez légitimes, parce qu'elles auraient pour but de démolir une muraille de Chine faite par d'ignorants économistes voisins, je suis convaincu qu'en chargeant des mortiers avec des boulets d'argent, on démolirait plus vite et plus *économiquement* la muraille qu'avec des boulets de fer, et surtout plus *humainement,* plus religieusement.

Enfin, même en admettant qu'il puisse y avoir une guerre *juste,* je vous demande si, lorsque l'Église sait de quel côté est la justice, elle ne doit pas le proclamer et refuser son secours au côté injuste ; et lorsqu'elle ne le sait pas, je de-

mande si elle ne doit pas s'abstenir des deux
côtés, prier pour qu'ils s'accordent, prier pour
le triomphe du juste, quel qu'il soit, mais non
pour le triomphe de *tel* ou *tel,* puisqu'elle ignore
qui a raison.

Et, en général, si, comme je le pense, grâce à
la langue de l'Évangile, les nations sont devenues moins batailleuses qu'aux temps des empereurs romains, ne doit-il pas venir un moment
où les évêques, loin de porter casque en tête et
cuirasse, comme plusieurs l'ont fait au moyen
âge, engageront même César à quitter son habit
de général et à prendre l'habit bourgeois, l'habit
pacifique du travailleur et non celui du destructeur?

C'est ce qui me fait vous dire que l'Église et
vous, ne rendez pas justice, aujourd'hui, au
bourgeois Louis-Philippe, qui démoralise furieusement les batailleurs. Il leur a fait faire,
dans les fortifications de Paris, la plus belle et
la plus grosse brioche que puissent faire des
amants d'épaulettes et de coups de sabre. Moi
qui aime les symboles, je voudrais, si j'étais
archevêque de Paris, consacrer la pose de *la
dernière* pierre, et je lui demanderais, au roi
bourgeois, de vouloir bien déposer sous cette

pierre son épée de César; et je la prendrais de ses mains, en lui rendant à la place une arme bénite, la *truelle bâtissante*.

Mon cher monsieur, je n'avais pas trop mal choisi mon exemple en vous citant le chapitre VII de saint Jean. Jésus ne dit pas, comme vous le faites répéter à Mahomet : « Je n'irai pas *avec vous* à cette fête; » il dit tout simplement : « Je ne vas pas à cette fête-ci; allez, vous autres, à cette fête : pour moi, *je ne vas pas* à cette fête-ci. » Je trouve encore qu'ici, de même qu'à propos de la comparaison de Mahomet avec certains grands personnages de la Bible, vous me traitez comme si j'étais un admirateur absolu, idolâtre, enthousiaste de Mahomet, et un ennemi, comme Voltaire, de David, d'Ezéchiel, de Loth et d'Abraham. Si la conduite des patriarches vous paraît admirable, si la parole révolutionnaire des prophètes vous paraît sublime, si la Bible est, à vos yeux, le plus grand livre de l'humanité, soyez sûr que je n'y vois pas moins que vous le grand, le sublime, le divin. Mais quoi! n'y voyez-vous rien d'humain, vous qui trouvez le Coran si plein d'humaines faiblesses? Mahomet, je vous le répète, ne s'est pas dit impeccable, infaillible, Dieu; il s'est déclaré homme, tout aussi bien qu'un prophète hébreu. Il a eu plusieurs femmes comme Abraham; il n'a pas voulu tuer son fils par une bonne raison : Dieu ne lui a pas ordonné cette preuve de dévotion; il ne passe pas pour s'être grisé comme tel patriarche; pour s'être sauvé de Médine comme Loth de Sodome, avec ses filles; mais il a ses péchés, ses gros péchés, péchés d'Arabe, vivant au milieu de pécheurs mille fois plus pécheurs que lui.

Sur tous ces points, il me semble que nous discutons toujours sans jamais tomber d'accord sur rien, parce que vous trouvez, dans chaque lettre nouvelle de moi, quelques assertions nouvelles qui éloignent le débat du point principal. C'est ma faute, je suis d'une longueur démesurée; et comme je n'ai pas l'intention de vous convertir au mahométisme, j'aurais mauvaise grâce d'insister plus longtemps à vous démontrer que Mahomet, quoiqu'il ne soit qu'un homme, est un des plus grands hommes qui aient paru sur la terre, un des plus utiles au développement de la race humaine, un de ceux qui méritent le plus la reconnaissance de l'humanité future tout entière, quoiqu'il n'ait et ne puisse avoir *maintenant* que la *reconnaissance d'une portion*, il est vrai considérable, de l'humanité.

Moi, j'éprouve pour lui cette reconnaissance ; vous, vous ne l'éprouvez pas. Allah Kérim ! après votre premier pèlerinage en Orient, nous en reparlerons.

Voici plusieurs questions closes, comme celle de *maintenant;* nous laisserons de côté, *ad referendum,* Mahomet, l'infaillibilité et les faussaires traducteurs du v. 36, chap. xviii de saint Jean. Mais il y a un point sur lequel je n'ai pas encore obtenu, de notre correspondance, un résultat aussi *satis*faisant ; ce point, c'est la *communion.*

Je connaissais très-parfaitement le baptême de désir et la communion de désir ; je connaissais moins, je l'avoue, votre opinion sur le salut d'un païen ou d'un bouddhiste charitable et vertueux, priant du fond du cœur, priant Dieu de l'éclairer. Ceci peut être orthodoxe, puisque vous me le dites ; mais jusqu'ici je croyais que cette bonne pensée sentait un peu le fagot. Et, en effet, qu'est-ce que prier *Dieu,* pour un païen, pour un idolâtre? C'est prier un singe, un oignon, ou son propre nombril même ; or, demander à un oignon de vous illuminer, au nombril de vous révéler la vérité suprême, je n'avais jamais entendu dire que ce fût, aux yeux de l'Église, même avec la charité et la vertu d'un Brahme (qui n'étend pas sa charité sur les parias), une condition suffisante de salut. Je suis heureux de cette nouveauté, cette fois je puis dire que j'entends de votre bouche une bonne nouvelle, et je vous demande de vouloir bien l'appuyer des témoignages d'orthodoxie que vous devez avoir à votre disposition sur ce sujet.

Suivons cette bonne pensée, je vous prie. Le baptême de désir, celui que peut désirer ce bonze, ce derviche, ce fétichiste charitable et vertueux dont il est question, cette communion de désir à laquelle il aspire, ne saurait avoir, dans sa pensée, la forme exacte que la discipline de l'Église donne au baptême et à la communion explicites ; mais comme, dites-vous, il *ignore*, comme il ne peut savoir ce que l'Église a décidé sur ce point, il ne périra pas au jugement de Dieu, il aura des grâces suffisantes pour le salut. Celui, au contraire, qui n'a pas ignoré, qui a pu savoir et qui n'a pas *voulu*, périra.

La chose devient grave ; examinons avec attention, invoquons surtout le simple bon sens. Quand on apprend, on est toujours deux, celui qui enseigne et celui qui est enseigné, l'actif et le passif. De plus, en supposant que l'ensei-

gneur soit toujours parfait, l'enseigné peut avoir
la tête dure, sans que, pour cela, sa *volonté*
soit mauvaise ; ou bien cette volonté peut être
faible, sans être pour cela diabolique. Ainsi, par
exemple, je ne vous suppose pas la volonté ar-
rêtée de ne pas m'entendre ; je ne vous suppose
pas non plus, Dieu m'en est témoin, la tête
dure, et pourtant j'ai beau mettre tout mon savoir en jeu pour vous convaincre que les gallicans ont falsifié l'Évangile, vous ne *pouvez pas
le savoir*, ou vous ne *voulez pas le reconnaître*,
et, certes, vous ne l'ignorez pas, puisque j'ai
mis votre doigt dans la plaie. Eh bien, je vous
affirme, moi qui avais l'intention de vous enseigner cette petite histoire, que si vous ne l'avez
pas apprise et répétée comme moi, c'est en
grande partie ma faute, et c'est aussi celle de
tout ce qui n'est ni vous ni moi, c'est-à-dire du
monde, tel qu'il est en 1843. En 1682, vous
auriez compris et répété cela, vous Romain,
tout de suite, sans employer la millième partie
de l'intelligence et du bon vouloir que vous avez;
et vous n'auriez pas eu besoin, pour agir ainsi,
que ce fût un homme que vous aimez et estimez,
auquel vous attribuez des lumières et de bonnes
intentions, qui vous apprît cette fredaine galli-

cane ; vous l'auriez ramassée dans la rue, de la bouche d'un âne.

Or, il y a aujourd'hui , dans la chrétienté, une quantité prodigieuse d'hommes qui *n'ignorent* pas, qui *peuvent savoir* ce que l'Église enseigne sur la communion , et qui pourtant ne communient pas avec elle ; pourquoi donc en rejeter la faute uniquement sur eux ? N'y a-t-il plus de solidarité humaine ?

Que des païens ne comprennent pas la communion catholique, quand on leur en parle pour la première fois, cela ne prouve pas qu'ils aient mauvaise volonté , et même cela ne nuit pas à la réputation de l'enseigneur, ni à l'excellence, à la perfection de la chose enseignée ; pareille leçon ne s'apprend pas en un instant ; mais lorsque après avoir pratiqué, en pays chrétien, la communion sous certaine forme, pendant plusieurs siècles, on s'aperçoit que, telle année, un million d'hommes qui avaient communié l'année précédente , ne veulent plus communier de la même manière ; lorsque, l'année suivante, un million encore se *détachent*, et que, de million en million, la table de pénitence chrétienne se trouve vide sur la moitié du monde précédemment catholique, oh ! alors, il me semble que s'il y a lieu de crier contre les têtes dures qui ne veulent plus comprendre, il y a lieu aussi de faire un retour sur soi-même et d'examiner si, en effet, il n'y a pas *quelque chose à faire* pour obtenir plus de succès dans l'enseignement de ces têtes dures.

Quoique je considère avec la plus profonde admiration ce symbole de la communion catholique et sa forme sublime, comme je ne connais rien qui fasse à l'Église un devoir absolu de ne pas modifier cette forme, de ne pas chercher un moyen plus puissant encore de consacrer l'union de l'homme à Dieu et des hommes entre eux, je crois bon d'appeler l'attention des ‖catholiques sur cette nécessité, sur l'utilité religieuse d'une semblable modification.

En pareille disposition, comment concevez-vous que je puisse communier sous la forme du passé ou du présent même? Cela ne m'est pas plus possible que de communier au prêche protestant ou de me faire circoncire à la synagogue. Je me suis donc, comme je vous l'ai déjà dit, excommunié explicitement, afin de contribuer, autant qu'il est en moi, à la communion future, dans laquelle juifs et chrétiens de toutes nuances se réuniront, en communiant plus que jamais entre eux, et même avec ce qui n'est pas eux, avec *tous les hommes*. C'est cette *universalité* que, selon moi, la forme nouvelle devra clairement exprimer, tandis que la forme actuelle exprime, surtout et presque uniquement, l'union du communiant avec Dieu, très-secondairement l'union du fidèle avec *tous* ses frères, avec l'humanité, avec la nature entière.

Que cette communion future se réalise dans et par l'Église, *dans des siècles* seulement, ce ne saurait être une objection, à mes yeux ni même aux vôtres ; c'est le cas de dire : Le temps ne fait rien à l'affaire.

D'ailleurs, en appelant spécialement votre attention sur ce point, vous savez que je suis loin de ne voir dans l'avenir que cette modification eucharistique. Je suis même convaincu que, malgré son imperfection, la forme actuelle pourrait encore avoir durée et puissance *associante,* elle qui pourtant, depuis trois siècles, est marquée du signe de la désassociation ; elle le pourrait, si l'Église, qui administre ce sacrement d'*union*, manifestait qu'elle a compris le besoin actuel d'*union* qui existe parmi les hommes et dont le signe matériel est l'*association du travail*.

On ne s'est pas éloigné de l'Église *parce qu'elle* communiait de telle ou telle façon, mais parce que, hors de l'autel, elle ne faisait pas communier *effectivement* des hommes qui communiaient *symboliquement* à l'autel.

Loin de moi de lui en faire un crime ! elle ne l'a pas pu ; elle n'a pu *unir* l'Allemagne, la France et l'Espagne, lorsque toutes trois, après s'être longtemps disputé l'Italie, se disputaient encore entre elles leur propre royaume ; elle n'a pu unir l'île anglaise au continent européen, alors que l'Angleterre elle-même quittait notre vieux monde pour un monde nouveau ; elle n'a pu l'impossible, car elle n'est pas plus *toute-puissante*, quoiqu'elle soit puissance, qu'elle n'est *infaillible*, quoiqu'elle soit autorité. (Pardon, ce retour est involontaire.)

Mais l'Église, aujourd'hui et surtout dans l'avenir, peut-elle, pourra-t-elle associer les nations, pour la paix et le travail, pour l'échange de leurs produits, pour l'amélioration directe du sort de ses brebis de prédilection, pour le bien-être du pauvre travailleur ? Ouvrira-t-elle ses bras aux producteurs et réservera-t-elle ses foudres pour les destructeurs ? Je l'espère, et je crois y travailler.

Vous me demandez quel sens a pour moi notre correspondance, le voici : Lorsque j'étais en Algérie, j'entretenais avec un de mes parents une correspondance qui passait sous les yeux du duc d'Orléans; la manière dont cette correspondance était reçue a été pour moi un signe que je pouvais parler *politique* au *public*, sans l'effaroucher et même en lui faisant aussi trouver en moi quelques idées utiles; j'espère que ma correspondance avec vous, homme éclairé et religieux, me donnera l'assurance que je puis parler *religion* publiquement, sans blesser les oreilles, et aussi avec l'espoir de faire trouver en moi quelques idées utiles. Je n'ai pourtant aucun ouvrage en vue, mais je suis tellement convaincu que, lorsqu'on se sera roulé encore pendant deux ou trois ans au plus dans la *cassonade* et *sur les chemins de fer*, on abordera des questions sucrées ou ferrées dans un autre genre; je crois tellement à un prochain et sérieux débat des questions religieuses; je suis tellement sûr que tout le monde fera ce que j'ai fait moi-même il y a dix à quinze ans, c'est-à-dire passera de la politique à la théologie, puis après à la morale, que j'aime à m'entretenir avec vous de ce qui sera à l'ordre du jour bientôt.

À propos de cela, vous me dites que vos études
politiques et sociales vous ont conduit à des
conséquences toutes différentes des miennes sur
l'association, mais que cette différence ne tient
pas à ce que vous êtes *chrétien*; j'en dois conclure que vos doctrines *politiques* et *sociales*
ne sont pas une transformation ou une applica-
tion de votre foi religieuse; j'en suis fâché pour
l'*unité* de votre intelligence, qui frise ainsi le
polythéisme ou du moins le manichéisme. Ce
que vous me dites équivaut à peu près à ce que
dirait un mathématicien qui assurerait que ses
doctrines sur l'arithmétique ne tiennent pas à ce
qu'il sait le calcul différentiel; chose évidente,
si cela veut dire que les deux sciences sont distinctes; chose fausse, si cela signifie qu'elles ne
font pas partie d'une seule et même science.

Voici encore une lettre bien longue et pourtant
de peu d'intérêt; mais en finissant j'ai envie de
m'en prendre à vous, et de vous dire que, cette
fois, c'est un peu votre faute : vous avez répondu
à ma très-longue lettre du mois dernier, en me
disant que j'avais une grande puissance de sé-
duction; qu'il était téméraire à vous d'attaquer
une intelligence aussi distinguée, nourrie de
fortes études, etc. Or, dans toutes vos lettres, y

compris la dernière, je n'ai pas pu trouver un seul point où ma forte intelligence vous ait séduit. Ça n'est pas encourageant, avouez-le.

Je vous rappellerai un de vos principes, qui est aussi le mien, savoir : qu'il faut dire ce qui est bien et ce qui est mal, et vous savez que j'ajoute : surtout ce qui est bien chez ses adversaires. Vous me dites très-franchement ce que vous trouvez mal ou faux ou injuste dans mes lettres ; vous voulez bien, il est vrai, me dire qu'elles vous font plaisir et m'en demander de nouvelles ; mais pourquoi donc ne dites-vous pas quelquefois : *Ceci* est juste, *ceci* est vrai ? Remarquez que ce n'est pas une satisfaction pour mon amour-propre que je vous demande ; vous m'en donnez assez par les témoignages d'affection intime que vous me rendez en échange de la mienne ; c'est simplement un bon moyen de *discussion* et d'étude réciproque, que je vous prie d'employer, pour rendre une autre fois ma correspondance plus intéressante, plus claire, plus liée qu'elle ne l'est aujourd'hui.

Adieu, mon cher monsieur.

P. L.

CCCXLIV^E LETTRE

A M. ALBERT DU BOYS

Paris, 4 juillet 1843.

Pardonnez-moi, mon cher monsieur, toute peine que j'aurai pu vous faire ; je le redoutais dès le premier jour ; je le craignais, lorsqu'à Curson, quelquefois, nous avons effleuré cette délicate enveloppe de l'àme, la foi.

Ainsi que vous le dites, dans un temps comme le nôtre, il est difficile, impossible même de toucher assez délicatement (quelque désir qu'on en éprouve) la foi d'un homme qui a le bonheur d'avoir une foi ; de la toucher, dis-je, sans la torturer comme une plaie saignante. Ce que je dis là pour vous, je vous prie de songer que cela est de toute vérité aussi pour moi.

Sans doute, vous pouvez penser que ce genre de douleur est pour moi une punition méritée, et que si je saigne lorsqu'on écorche ma croyance, c'est parce que j'ai voulu croire ce que je ne devais pas croire ; mais au moins vous compren-

7

drez que je sais sentir ce que doit inspirer de saint respect, de religieuse terreur, l'approche vers une croyance sincère et profonde.

J'accepte donc de votre amitié cette suspension dont vous me parlez; je l'accepte comme un gage d'une mutuelle estime et non comme une hostilité, une victoire ou une défaite; l'un et l'autre, je l'espère, nous n'en aurons que plus de plaisir cet automne à nous serrer la main.

Tout à vous de cœur.

P. E.

FIN DE LA CORRESPONDANCE PHILOSOPHIQUE ET RELIGIEUSE
AVEC M. A. DU BOYS.

CCCXLV^e LETTRE (INÉDITE)

A ARLÈS

Paris, 25 juillet 1843.

Mon cher ami, je ne partirai pas d'ici avant le 1er octobre, époque de la rentrée d'Arthur au collége; mon intention est de passer par la Bourgogne, de rester trois ou quatre jours à Dijon chez mon collègue Morelet, de vous donner rendez-vous à Saint-Point, de passer quelques jours à Lyon, d'aller à Curson, où vous viendrez me voir au moins une petite fois, et d'y rester jusqu'en décembre, où Nugues y viendra, ayant fini son temps d'école.

Vous voyez donc que dans mes projets se trouve Lamartine; pourtant je crois que ma précédente lettre ne devait pas lui être envoyée par vous ; je vous l'avais écrite, pensant qu'elle vous servirait de thème pour lui écrire vous-même en ne me citant que par extrait de-phrases ou de mots. — Granier de Cassagnac a lâché le grand mot et la *Phalange* l'a bien mal relevé : *Argent*.

est-ce que ce n'est pas avec ce métal que Dieu frappe les cœurs et les esprits, dans ce siècle où *le fer* ne dit plus rien? O'Connell s'est fait un gros revenu aussi merveilleux que ses lois de tempérance imposées à ses sans-culottes; Lamartine n'a pas le sou. Ah! si, lorsqu'il a répondu au Mâconnais qui aprononcé le nom d'O'Connell, il avait eu le toupet d'établir sur ce point la différence entre les deux pays, les deux hommes, les deux agitations; l'affaire était faite, l'*apostolat* de Lamartine écrasait le sublime *parlementage* d'O'Connell; celui-ci impose des privations au *pauvre Irlandais*, Lamartine pouvait dès lors dire au *riche français :* tu ne cavalcaderas plus, tu ne ribotteras plus, tu ne feras plus le milord, comme O'Connell dit à l'Irlandais en haillons : tu ne boiras plus! Les meetings de France où Lamartine doit parler, ce ne sont pas les sociétés de *tempérance* du peuple, ce sont les sociétés d'intempérance du riche; il doit remuer de sa parole, jusque dans leurs fondements, le *jokey club*, les *bals* de bienfaisance, les *salons* de lions et de tigresses, la *bourse*, les *châteaux* des Turcaret, le *palais* de Robert-Macaire, c'est-à-dire la Chambre des députés. Il aura beau faire, sa langue admirable, sa langue d'or, n'ira pas *au peuple*, comme la langue de cuivre d'O'Connell; il n'a pas les poings du lutteur, les épaules de l'hercule d'Irlande; il a la taille et la jambe du cerf, les ailes et l'œil de l'aigle, il doit parler d'en haut, courir, voler, non d'un village à un village, mais d'un trône à un trône, d'un palais à un palais, de Paris à Londres, à Berlin, à Vienne, à Rome; et sans subvention de ses royaux auditeurs, le bâton blanc à la main, la besace sur le dos, Dieu dans le cœur et sur les lèvres. — Ah! il n'a pas le sou et M. Cassagnac l'insulte, pour quelques sales sous que jette Duchâtel au *Globe;* Eh bien, qu'il ose donc dire aux riches : Je suis pauvre, je suis vraiment prolétaire, je ne veux pas de vos *aumônes*, ni pour moi ni pour mes frères ; je veux mon droit et le leur, mon droit au travail, au produit du travail, et à la noble retraite après le travail ; je veux le pain et la gloire de nos labeurs ; je veux, au nom de ma fille rendue vierge au Seigneur, que la fille du peuple soit respectée comme sainte, par vous tous qui l'achetez ou la vendez ; je veux que les petits enfants de mes frères, tous sans exception, reçoivent le pain de l'esprit et du cœur, et que le lait de leur mère ne soit pas tari par le jeûne et

la misère. Au nom de Dieu, pour tous, je
réclame *justice*, je veux *le règne de Dieu* sur
la terre !

Qu'est-ce que *le rappel* d'O'Connell à côté
d'un semblable *appel* ?

Mais vous-même, cher ami, vous sommeillez,
vous êtes dans un de vos moments d'apathie où
vous voudriez brouter, dites-vous; je comprends
assez cela, je broute moi-même. Vous et moi
que pouvons-nous faire ?

Lorsqu'il y a quinze ans, homme jeune et
inconnu, réuni à quelques jeunes hommes aussi
inconnus que moi, je commençais en France cette
agitation, cet apostolat universel de l'homme;
chaque jour, chaque instant pour moi valait un
siècle ; et voici bientôt dix ans qui se sont passés
pour moi comme un jour, tandis qu'au contraire,
dans le monde, les idées marchaient, avançaient,
entraient. Aujourd'hui les hommes qui peuvent
ne pas brouter, sont ceux qui ont employé ces
quinze années à n'être pas, comme nous l'étions,
des hommes *jeunes* et *inconnus*, à pouvoir
faire avec une autorité puissante ce que nous
avons fait sans la moindre autorité, sans puissance acquise, sans titres aux yeux des hommes.

Vous et moi et bien d'autres, nous sommes rentrés dans les brutes, et nous ne serons délivrés de notre abrutissement que par les *puissances du monde*, lorsque nous les entendrons proclamer *de haut* cette parole de Dieu que nous *donnions de profundis*. Cette petite troupe que nous avions formée, s'est dispersée, elle broute, elle broute même le chardon épineux ; elle est patiente comme l'âne et têtue comme lui, le pied sûr comme lui, et son oreille est longue ; elle broute comme son ami le prolétaire : elle attend ! mais que la voix de Dieu, d'en haut se fasse entendre, vous verrez comme elle relèvera la tête ! Quelles ruades d'un côté et quelles trompettes éclatantes de l'autre quand maître Aliboron reprendra l'usage de ses membres et de sa voix ! Le pauvre sire est encore lié, empêtré, entravé ; Augias l'a mis en prison dans ses écuries, et s'il se permettait de remuer ou crier, Augias dirait : c'est encore le baudet, haro sur le baudet ! Michel a beau faire sa voix douce et glousser, personne ne le prend pour un dindon, il n'entre pas à l'Académie et les volailles du Mans ne l'ont pas élu pour les représenter. Mais Lamartine, avant de tomber au rang de symbole du peuple, au rang des ânes, était déjà académicien et député, coq parmi les chapons, paon au milieu des geais, il était *puissance,* avant que Michel songeât à l'être; celui-ci n'a pas le droit de dire aux académiciens qu'il sollicite, aux électeurs dont il se fait le commissionnaire, vous êtes des sots et des saligots; tandis que Lamartine qui a été *appelé* à l'Académie et *élu* à la Chambre, peut leur dire : Il faut que vous soyez bien ânes, pour avoir appelé et élu, avec acclamations, un âne comme moi au milieu de vous.

Adieu, cher ami, je vais passer chez Susse et je ferai votre commission, si le tableau n'est pas vendu. Je suis bien surpris qu'il n'ait pas été acheté pour Versailles; il est vrai que c'est un beau tableau, et que Versailles, sauf Vernet, n'a presque que des croûtes.

Je ne dispose pas de Curson au point d'y envoyer Aglaé. Au reste, nous verrons; j'ai dit assez de ce côté pour qu'on me réponde quelque chose.

Vous voyez par cette fin de lettre que je préfère qu'elle ne soit *pas envoyée* à Lamartine, mais bien que vous lui envoyiez *copie* de ce qui le concerne, en y ajoutant votre propre mot, et reprenant quelques phrases de ma précédente lettre (1) où je vous parlais de lui.

A vous,

P. E.

CCCXLVI^e LETTRE (INÉDITE)

A ARLÈS

Paris, 19 octobre 1843.

Cher ami, nous pouvons nous croire morts réciproquement, car voici une éternité de silence. Ferand m'a dit que vous nous promettiez, à Duveyrier ou à moi, une lettre opéra, et que vous étiez *voiliageur* pour la partie mystère de Paris qui prend bien en Allemagne. J'espère, en effet, que c'est vous qui avez écrit cette lettre de Lyon, dont Sue parle dans son excellente lettre

1. Cette précédente lettre a été publiée dans le XIe volume des *Notices historiques*, aux pages 209 et suivantes.

épilogue à Bertin, vraie morale de la fable et qui termine en bouquet à feu d'artifices de dix volumes. Il est passé avant-hier chez moi, sans doute pour me le dire ; j'étais sorti.

Holstein m'a envoyé une bonne lettre de détails sur la visite du Prince à Lyon ; dites-lui que je l'en remercie bien. — De mon côté, j'ai reçu en cadeau princier, non pas comme *pour-boire* pour mon livre, mais *pour fumer*, 500 cigares qui ne valent guère mieux que ceux de la régie, et pour lesquels je me suis borné à une lettre à Beaufort, laquelle n'est pas trop piquée des vers, et où je lui rends la monnaie de cette pièce.

Je suis repassé et repassé chez Susse, et n'ai jamais pu y avoir des nouvelles du tableau, qui est toujours en voyage ; mais, d'après ce qui m'a été dit, ce tableau n'est pas l'original, et, pour moi qui connaissais Bouchot, je ne peux pas croire qu'il se soit copié ; il aura *laissé faire* par un élève, sous ses yeux. Au reste je n'ai pas vu, et n'ai rien écrit à votre ami.

Je compte bien que vous songez à votre voyage d'hiver et qu'avant peu vous me direz quand nous vous tiendrons. Je mène une vie qui, plus que jamais, me fait désirer vos visites, car je ne vois plus personne, et le tête-à-tête avec Arthur, malgré ses charmes, sera troublé agréablement par votre présence, qui en fera une bonne trinité.

Cette lettre était en train quand la vôtre du 14 m'est parvenue ; j'ai mis à la poste, après lecture, celles pour Charles et Michel. Je crois que vous avez très-bien raisonné et agi pour Gustave, et que l'occasion était tentante d'une façon irrésistible pour vous qui avez à Leipsick de si bons amis.

Je suis très-content de ce que vous me dites avoir écrit à Sue, relativement à l'héritage ; Michel, Duveyrier et, si j'en crois Urbain, d'Eichthal, ont besoin que la question soit reprise par d'autres que nous pour *recomprendre* ou plutôt pour *revouloir*. Je suis parfaitement comme vous sur ce sujet, c'est-à-dire *crescendo*. Hier j'en ai eu encore une confirmation par mon collègue Carette, qui est venu me dire que, maintenant que la chose lui est entrée à la tête et au cœur, il ne comprend pas comment il a pu être aussi long à l'avaler et à tenir aux vieilles bêtises. — J'ai fait lire à Sue le *Nouveau Christianisme*, les lettres d'Eugène et la morale ; ainsi vous voyez que je n'oublie pas mon métier, mais je le fais peu-à-peu, petit-à-petit. Le *Juif-Errant* sera : Aimez-vous les uns les autres. Vous voyez donc qu'il a compris sa lecture du *Nouveau Christianisme*.

Votre lettre à M.... m'a fait rire, parce que vous lui parlez de vous aider à aller en Allemagne ; je suis étonné que vous en soyez à compter sur M.... pour quoi que ce soit, dans la ligne où il est. Ainsi, dernièrement encore, pour excuser Guizot qui, n'osant pas envoyer *faire* à Suez, envoie *regarder* à Panama, ses amis ont enfoncé Suez tant qu'ils ont pu, à la manière dont ils enfoncent O'Connell, perfidement, lâchement ; — j'espère encore que la position de son engrosseur Metternich le fera réfléchir, pourtant j'en doute. J'ai toujours foi que c'est vous qui remettrez M.... en selle. Je crois qu'instinctivement et sans en avoir conscience, il *attend* que j'aille moi-même le tirer du bourbier, c'est une erreur ; ce sera lui qui devra me dire : je suis débarbouillé. Lorsqu'il ma quitté, ce n'était pas pour revenir *quand je le rappellerais*, mais quand il aurait atteint le bout de sa ligne ; or, il y est, sauf le fossé et la culbute, dont Dieu et vous le garderez, j'espère.

Voici donc O'Connell embarqué dans le procès ;

je crois qu'on y exploitera rondement la question *argent* de la subvention royale du grand agitateur ; et, en effet, il est fâcheux que ce gaillard-là n'ait pas eu le bon esprit d'y renoncer, dès qu'il voulait entrer dans la vie pratique. Il doit être fort riche aujourd'hui et n'en est certes pas où en est Lamartine. Cette affaire va furieusement avancer les idées en Angleterre, car O'Connell n'a pas présenté une seule idée neuve pour l'Irlande ; or, il faut en trouver une, et le sens éminemment pratique des Anglais la leur fera trouver. Je crois bien que le résultat prochain sera une espèce de transaction avec les évêques catholiques et leurs curés, à qui l'on fera une part à goinfre pour les faire taire et détacher de la cause les plus bigots ; mais on n'abordera pas pratiquement la question *sociale* de *propriété ;* celle-ci restera seule en saillie, pour une autre époque qui ne pouvait être directement celle d'O'Connell, car celui-ci est tout aussi propriétaire que Wellington. On est encore loin là-bas de votre horreur pour l'héritage ; il faut que la logique française et allemande ait beaucoup mûri cette question, pour que l'Angleterre puisse voir ce que ses yeux ne savent pas voir ; car l'Anglais ne saute pas facilement par-dessus un des termes d'un raisonnement, il s'arrête toujours au premier, puis au second, etc. C'est donc l'effet, en France et en Allemagne, de l'affaire d'O'Connell, qui est intéressant; et pourtant je ne suis pas content, même de la démocratie pacifique, dans cette question; elle s'est laissé *dérouter* par les débuts, elle a cessé de montrer qu'O'Connell était *sans idées*, et c'est là pourtant la seule chose importante à enseigner en France. Si vous écrivez à Considérant, ou plutôt au journal, dites un mot dans ce sens.

Charles est très en voie et disposition *agitante;* ses deux volumes si bien terminés l'ont décidément mis en verve; il est plein d'activité, d'entrain, et remue beaucoup d'hommes et d'idées; il voit assez les fouriéristes, et ce contact est bon.

Vous ne dites pas un mot d'un voyage prochain, ou plutôt ce que vous dites le renvoie au diable; est-ce que vous renoncez à Londres pour cet hiver ?

Qui donc aurait pu se douter que la métaphysique Allemagne laisserait passer notre sublime métaphysique monsignienne, et qu'elle prendrait et avalerait le bouillon des mains d'Eugène

Sue ? Dieu est grand et Sue n'est pas mince ; le gaillard a de solides épaules. Il est venu me voir ces jours-ci, j'étais sorti. Je lui ai demandé d'avoir un soir régulier cet hiver, pour nous voir un peu ; il venait, sans doute, convenir d'un jour et causer aussi de sa lecture, de sa *morale*, et, sans doute, aussi me parler de votre lettre.

Adieu mon vieux, je retourne à mon mouton, que je vais faire déjeuner.

Je vous embrasse tous, femme et enfants. — Chez Holstein, amitiés.

P. E.

CCCXLVII^E LETTRE (INÉDITE)

—

A ARLÈS

Paris, 1er novembre 1843.

Cher ami, Charles m'a appris que vous alliez à Marseille, mais je pense que ma lettre vous trouvera de retour et que vous me donnerez bientôt des nouvelles de vos santés à tous, car Holstein ne m'a rien écrit non plus depuis votre départ, quoique je lui aie demandé quelques renseignements auxquels je tiendrais d'autant plus, depuis la démonstration de votre archevêque.—Cette question d'enseignement se chauffe, et il est bien évident que ce sera autour d'elle que roulera bientôt la vraie politique, comme elle s'appuyait en 89 sur les déficits de Necker ou Calonne. Qu'est-ce qu'il faut enseigner aux hommes ? *C'est là la question*, comme dit Hamlet. Est-ce saint Thomas ou Cousin, ou bien quelque autre chose, que je ne dirai pas ? Quoi donc ? Quoi donc ?.. Connaissez-vous cette romance ?

Depuis assez longtemps déjà j'observe ce mouvement du clergé ? Quoique ses prélats pataugent et fassent gâchis sur gâchis, c'est-à-dire église sur université, je me réjouis de voir la chose prendre chaque jour plus d'importance. La démocratie pacifique donne à gauche sur le point comme elle a fait pour O'Connell; cette fois ce ne sont pas les débats qui l'ont déroutée, mais ils l'ont *enroutée* dans leur haine janséniste. .

Au reste, ce n'est pas de cela directement

que je veux parler aujourd'hui, c'est d'une
autre chose qui vous fera peut-être bondir
d'abord, mais qui vous paraîtra drôle après
réflexion. — Vous avez souvent rêvé l'*agitation*,
et il y a de quoi rêver ; le principe, le mobile
de votre agitation est double, positif et négatif,
inspiré par l'amour du *peuple*, mais aussi par
l'horreur du *bourgeois*. Il manque un terme à
ce principe pour être tout à fait politique en
1843, car dans la société actuelle, outre le
peuple et le *bourgeois* il y a un troisième
membre du corps social qui est en partie paralysé, en partie convulsif, emplâtre ou obstacle
pour la vie générale. Ce membre, cet organe,
cette partie noble, c'est le parti noble, religieux
et monarchique, celui qui *possède* les plus
grandes richesses et qui a le *clergé* pour lui ;
celui, par conséquent, qui est le plus lié à la
propriété et à la *religion* du PASSÉ.

Or, le saint-simonisme a touché bon nombre
de bousingots et pas mal de bourgeois, mais il a
glissé sur le légitimisme ; il y avait mille raisons pour qu'il en fût ainsi en 1830 ; ces raisons
existent-elles aujourd'hui ? — Non.

Voici le moment où le parti du PASSÉ *peut*
s'armer à son tour de l'AVENIR contre le PRÉSENT.

Si l'*agitation* est possible en France, ce n'est qu'à cette triple condition d'être faite *par* le légitimisme, *pour* le peuple, *contre* le bourgeois.

J'ai mis cette idée sous les yeux de Charles, lui qui rêve aussi l'agitation; elle l'a saisi au cœur, il en est plein, il en rêve et prépare ses cliques et ses claques.

La démocratie pacifique a été remuée par lui, et comme le fouriérisme, sans avoir plus que nous converti des nobles, n'a pas eu envers la propriété et la religion nos prétentions novatrices; comme d'ailleurs après 1830 son langage a été plus aimable que le nôtre pour la noblesse et pour le clergé, ce journal entrera dans cette voie quand Duveyrier sera en mesure de commencer la danse.

Peut-être ne voyez-vous pas encore très-clairement le procédé préparatoire; il est déjà en germe dans la lettre de Duveyrier à l'archevêque de Paris, c'est-à-dire qu'il consisterait, pour ce qui concerne la presse, à pousser les ultras à *faire*, afin que, par réaction et surtout par *crainte*, le *bourgeois* lui-même fasse.

C'est là que se bornerait la tactique de la

presse; et Duveyrier rêve aussi quelques actes qui tendraient au même but.

L'Église et la noblesse en sont à un point où il n'y aura que les plus innocents et les plus niais qui ne comprendront pas qu'en prenant en mains les intérêts d'*ordre* du peuple, ils peuvent redonner vie et force à leur parti.

Sans doute, quelques puritains éclairés pourront craindre qu'en enfilant cette route, elle ne conduise plus loin qu'on ne pense; mais ils n'auraient pas puissance d'arrêter ce mouvement régénérateur de leur propre parti et d'eux-mêmes.

En un mot, il faut faire prêcher le saint-simonisme de 1843 aux nobles et aux curés, puisque les bourgeois qui ont entendu celui de 1830 *n'osent* pas le pratiquer, et qu'ils ne le pratiqueraient jamais tant que les bousingots seuls le prêcheraient avec accompagnement de communisme et de guillotine.

Il faut que le clergé et les nobles attaquent les bourgeois *sous prétexte* que toute les institutions sociales doivent avoir pour but l'amélioration du sort moral, intellectuel et physique de la classe la plus pauvre et la plus nombreuse; et alors M. le *comte* de Saint-Simon, qui a engendré le *courtier* Rodrigues et le *bourgeois voiliageur* Enfantin, commencera à se frotter les mains et à dire, vous voyez bien qu'il y a encore du bon dans les comtes, les ducs, et même les calotins ; j'en étais sûr, moi qui suis du sang de Charlemagne.

Ruminez ceci et dites m'en votre avis ; je n'ai pas le temps aujourd'hui de vous en écrire davantage.

A vous,

P. E.

CCCXLVIII^e LETTRE (INÉDITE)

A ARLÈS

Paris, 14 novembre 1843.

Je pense, cher ami, que vous lisez, depuis quelques jours, la *Presse*, le *Courrier* et la *Démocratie*, et que ces trois journaux vous tiennent au courant du mouvement actuel dont ma dernière lettre vous donnait l'avant-goût.

Barrault et Duveyrier arrivent à *leur* moment, comme Michel a eu le *sien*, comme Jean et Laurent auront aussi le leur un jour. Barrault et Charles sont en pleine et vigoureuse activité.

Laurent m'a écrit que vous lui aviez fait votre bonne visite, à laquelle il a été bien sensible. Je lui ai répondu en le mettant au courant du mouvement actuel, et l'engageant toutefois à renouer pour lui les offres qui lui avaient été faites précédemment pour la Cour royale d'Alger, *son* moment ne paraissant pas encore venu en France.

Holstein et la préfecture auront, sans doute, été fort occupés et assez inquiétés par l'affaire de l'archevêque; or, ceci est beaucoup moins intéressant pour la préfecture que les renseignements que je lui ai demandés. Il a cru que c'était pour moi en particulier que je les lui demandais; pas du tout, c'est bien plus pour M. Jayr que pour moi; je lui indiquais ce qu'il y avait *d'important* à savoir pour le premier administrateur de Lyon. — Montrez-lui ceci, je vous prie, afin qu'il comprenne mieux ma demande et son utilité pour lui-même, pour la place qu'il occupe, car il n'est pas là pour *rien*, et il y serait pour rien s'il ne s'y occupait pas de *cela,* puisque c'est cela qui est important à Lyon, en ce moment. On fait à la préfecture des recouvrements et des statistiques pour l'impôt, pour la conscription, pour mille choses ; si on n'en fait pas, on n'a aucune lumière sur la chose capitale du moment, sur celle qui renferme *le plus* l'avenir. Comprendre ceci, ce serait il est vrai une grande preuve de haute intelligence de la part d'un homme qui n'a pas été élevé à la même école qu'Holstein, mais pour Holstein ce devrait être l'*a,* *b,* *c,* et il n'est auprès de M. Jayr que *parce que* M. Jayr n'a pas été élevé à cette école.

Je n'ai pas revu E. Sue depuis très-longtemps. J'attends qu'il ait digéré les trois personnes que je lui ai donné à manger, savoir : Saint-Simon, Eugène et moi ; c'est un peu dur à bien digérer ; et pour cela il faut qu'il soit débarrassé de sa mise en scène des *Mystères de Paris* à la porte Saint-Martin.

Vous ne m'avez donné qu'une adhésion bien brève à ma lettre sur *l'agitation,* et vous avez bien fait de mûrir l'idée ; je désire toutefois qu'après avoir lu les numéros 11 et 12 du *Courrier* (Barrault venait de prendre la direction politique du *Courrier*), vous me donniez votre opinion plus motivée ; car vous avez joint à votre adhésion une phrase sur votre position qui vous empêche de prendre, dites-vous, un rôle actif ; je n'en ai pas bien compris la portée. — Vous n'avez pas en effet à prendre à ceci un rôle plus *actif* que celui que vous avez pris à tous les développements successifs et momentanés de sa grande pensée ; or, grâces à Dieu et à votre excellente et belle nature, vous avez été certes furieusement actif, depuis douze ans, dans cette direction, et l'avenir vous devra une belle chandelle pour ces douze années. Aujourd'hui rien de plus, mais aussi rien de moins.

Mais vous n'avez pas borné votre autorité à avertir un homme sur sa route depuis douze ans, et je ne vois pas pourquoi aujourd'hui vous vous croiriez plus paralysé ; l'heure du repos n'est pas venue, et vous ne voulez pas tomber dans le rococo et les momies, c'est-à-dire agir en 1843 avec vos idées de 1835, 36, 37 et agir de la même manière, avec *les mêmes hommes*. Vous avez été très-utile près des ouvriers et près des bourgeois ; pourquoi donc vous croiriez-vous zéro vis-à-vis de la noblesse et du clergé ? Est-ce que vous êtes fils du *Constitutionnel* ou bien seriez-vous protestant comme cet enragé de Quinet ? — Je sentais bien qu'au premier mot ma *nouvelle* n'aurait pas de *charme* pour vous, et que vous vous borneriez à la *comprendre* ; je sais si bien tout ce qu'il y avait en vous jadis de *Bousingotisme* ou du moins de mépris pour le talon rouge et la calotte ! Mais il ne vous reste plus de cette grande maladie que quelques petites taches à la peau, et j'étais certain aussi que la réflexion vous ferait *sentir* ce que vous n'avez que *compris* d'abord. Pour mon compte particulier, j'ai un vif plaisir et presque un besoin de me sentir parfaitement en harmonie avec vous pour les grandes choses qui me touchent. J'attends donc avec impatience que vous me disiez que, de votre tête, cette phase nouvelle vous passe au cœur. Prenez votre temps, examinez (ce qui n'est pas votre usage pour les choses qui vous passionnent à première vue), et je suis convaincu qu'à *seconde vue* vous ne me parlerez pas pour vous des Invalides, d'une *part oisive* d'amateur dans cette *noble* et *religieuse* phase de notre grande œuvre. J'espère qu'avant peu vous ne craindrez pas plus de visiter votre archevêque que votre préfet, ni de voir M. de Chantelauze comme vous voyez tel ou tel canut, avec votre bonne face franche, ouverte, loyale. Est-ce que vous ne trouvez pas que le bourgeois est une fière c......, et que l'ouvrier souvent est bien bourgeois ? Allons, comme je le dis à Laurent, soyons bons princes avec les marquis et pas trop aristocrates avec ces nobles que nous traitons en parias depuis cinquante ans. — Adieu, mon vieux.

A vous.

P. E.

CCCXLIX^e LETTRE

AU *COURRIER FRANÇAIS*

Paris, 14 janvier 1844 [1].

Monsieur, vous avez soulevé une question grave, en signalant dans toutes les traductions françaises du Nouveau Testament, depuis 1667,

1. Voir le numéro de ce journal du 8 février suivant.

la suppresion du mot *maintenant* qui figurait au verset 36 du chapitre XVIII de l'évangile de saint Jean, dans les traductions françaises ou étrangères, publiées depuis lors par les diverses sectes chrétiennes.

M. Baillès, vicaire général de M⁔ l'archevêque de Toulouse, a publié une brochure dans laquelle il cherche à prouver, non-seulement que cette suppression était facultative, mais qu'elle est légitime et obligatoire pour quiconque sait le grec et le latin et veut écrire en français.

Vous avez déjà répondu que Joseph de Maistre, qui savait le grec, le latin et le français, probablement aussi bien que M. Baillès, avait indiqué, avant vous, cette suppression, en la blâmant avec sévérité.

Mais voici que le *Globe*, sans tenir compte de votre réponse et de cette autorité imposante de de Maistre, vous foudroie une seconde fois de toute l'érudition de M. Baillès.

Si cette question était de pure philologie, ou même de théologie, elle aurait sans doute occupé

1. Voir le *Courrier* du 22 décembre.
2. Numéro du *Globe* du 14 janvier.

déjà une place suffisante dans votre journal, je n'y reviendrais pas ; mais personne n'ignore que ces deux simples phrases : « Rendez à César ce qui est à César, et à Dieu ce qui est à Dieu ; » et « Mon royaume n'est pas de ce monde, » ont été, depuis dix-huit siècles, les bases de la politique chrétienne, c'est-à-dire de l'action des deux pouvoirs, spirituel et temporel, qui se sont partagé le monde.

En ce moment donc, où la lutte entre ces deux pouvoirs se témoigne d'une manière très-sensible, la presse politique ne peut, ce me semble, rester en dehors du débat, et, pour s'y présenter avec puissance, elle doit remonter à la source véritable du combat.

M. Baillès prétend que le premier traducteur qui a supprimé le mot *maintenant*, dans ce verset célèbre, n'a pu le faire par aucun calcul relatif au grand débat qui s'est terminé en France par la déclaration de 1682, parce que cette traduction est de 1666 ; et le *Globe* ajoute : « Parce que les démêlés entre Louis XIV et le pape Innocent XI, qui amenèrent la déclaration de 1682, ne datent que de 1678. » — Ces motifs me paraissent de peu de valeur ; il faudrait, pour les admettre, faire oubli, non-seulement du ca-

ractère particulier de cette époque, mais de
l'histoire de toutes les époques qui se sont ter-
minées par un mouvement religieux important.
Il faudrait croire que la déclaration de 1682,
passez-moi l'expression, est poussée comme un
champignon ; il n'en est pas ainsi : la preuve en
serait vraiment niaise et superflue. Qui donc
peut ignorer que la déclaration de 1682 est la
solution française du problème dont toute l'Europe était saisie depuis la protestation de Luther
contre l'Église de Rome ; qu'elle est le dernier
acte du drame religieux joué en France durant
tout le dix-septième siècle ?

La traduction du père Amelote, invoquée par
M. Baillès comme un modèle de fidélité et d'élégance française, fut faite, ainsi que l'auteur le
dit lui-même, pour satisfaire au désir de l'*assemblée générale du clergé de France* de
l'an 1655.

Vous voyez que je ne crains pas de remonter
à vingt-sept années de distance de la fameuse
déclaration.

Les archevêques de Bourges et de Montauban
déclarent qu'en effet l'archevêque de Toulouse
et celui de Montauban avaient fait choix du père
Amelote pour cette traduction *désirée* par le

clergé de France en 1655, et l'en avaient chargé, l'assemblée ayant approuvé leur choix. Le privilége du roi relate cet *ordre*, donné au père Amelote par ces évêques, au nom de l'*assemblée générale du clergé de France* [1].

D'autres approbations sont encore données en 1665, au moment d'une nouvelle *assemblée général du clergé de France,* par sept évêques et archevêques et par le général de l'ordre des Oratoriens.

Dans la dédicace à Hardouin de Pérefixe, archevêque de Paris, l'auteur se félicite de dédier son œuvre à celui des évêques qui, par sa position, peut « persuader, plus puissamment qu'au-
« cun autre, à la multitude des sujets de cet
« empire que la majesté du prince attire conti-
« nuellement dans cette Église, *de rendre à*
« *César ce qui est à César, et à Dieu ce qui est*
« *à Dieu.* »

---

1. M. Baillès prétend qu'on ne doit pas présenter cette traduction comme *gallicanement* approuvée, sans doute, parce qu'elle ne l'a pas été par décision de l'assemblée générale du clergé ; toujours est-il qu'elle a été *gallicanement* ordonnée, et qu'un pareil ordre est un acte passablement gallican, puisque l'Église romaine n'ordonne pas de traductions en langue vulgaire, ne les approuve même pas, mais simplement les tolère.

Dans la préface, le père Amelote, prévoyant sans doute la critique de de Maistre et la vôtre, dit : « Il se trouvera peut-être d'autres *scrupu-* « *leux* qui s'offenseront de ce que je n'aurai pas « toujours exprimé dans ma version certaines « particules, ou que je leur en aurai substitué « d'autres, comme la conjonction *et*, que les « Hébreux ne cessent d'employer, et dont la « répétition blesse nos oreilles ; comme ces au- « tre : *voilà, or, donc, parce que*, et le mot *dit* « ou *disant* ; sur quoi des esprits *timides* vou- « dront peut-être décider de mon exactitude. »

Vous êtes de ces hommmes scrupuleux, de ces esprits timides ; de Maistre en était aussi ; j'en suis également.

Les biographes assurent que le P. Amelote fut accusé de plagiat ; qu'il avait eu communication de la traduction manuscrite de Port-Royal, et qu'il empêcha le chancelier Séguier, dont il était le théologien, d'accorder le privilége pour la traduction du *Nouveau Testament* de Mons, traduction qui fut d'ailleurs si vigoureusement attaquée comme infidèle par le P. Letellier, et où l'on remarque également la suppression du mot *maintenant*, car c'est celle de 1667 que vous avez citée. Par cette manœuvre habile, la traduction du P. Amelote parut donc la première, en 1666.

M. Baillès cite lui-même ce jugement d'un écrivain sur le P. Amelote : « Il a même su « assez de grec et de latin pour ne pas tomber « en des fautes grossières. » En effet, vous n'avez pas prétendu que la faute dont vous parliez fût grossière, vous la signaliez même comme adroite. Examinons encore.

Le P. Amelote a pensé qu'il pouvait (M. Baillès soutient même qu'il *devait*) supprimer le mot *maintenant*, que tous les traducteurs précédents avaient conservé et que tous les traducteurs schismatiques ou même hérétiques conservent encore.

Dans toute phrase construite ainsi : « *Si* ex « hoc mundo esset regnum meum, ministri mei « utique decertarent ut non traderer Judæis ; « *nunc autem* regnum meum non est hinc. »

Ou en grec : « Εἰ ἐκ τοῦ κόσμου τούτου ἦν ἡ βασιλεία ἡ ἐμή, οἱ ὑπηρέται ἂν οἱ ἐμοὶ ἠγωνίζοντο ἵνα μὴ παραδοθῶ τοῖς Ἰουδαίοις ; νῦν δὲ ἡ βασιλεία ἡ ἐμὴ οὐκ ἔστιν ἐνθεῦθεν. »

M. Baillès prétend que l'on doit traduire *nunc autem* et νῦν δέ, comme s'il y avait simplement *autem* et δέ, par *mais* et non par *mais maintenant.* M. Baillès cite en effet une phrase semblable, au chap. IX, ℣ 41 :

« *Si* cæci essetis, non haberetis peccatum :
« *nunc vero* dicitis : Quia videmus. Peccatum
« vestrum manet. » Que le même P. Amelote[1]
traduit ainsi : « Si vous étiez aveugles, vous
« n'auriez pas de péché ; *mais* puisque vous
« dites que vous voyez, votre péché demeure. »

Pourquoi donc M. Baillès n'a-t-il pas cité les passages suivants de saint Jean, où la construction de la phrase est identique :

Chap. VIII, ℣ 39-40. *Si* filii Abrahæ estis, opera Abrahæ facite. *Nunc autem* quæritis me interficere, etc.

Chap. XI, ℣ 21-22. *Si* fuisses hic, frater meus non fuisset mortuus ; *sed et nunc* scio quia quæcumque proposeris, etc.

Chap. XV, ℣ 22. *Si* non venissem... peccatum non haberent ; *nunc autem* excusationem non habent, etc.

Chap. XV, ℣ 24. *Si* opera non fecissem... peccatum non haberent ; *nunc autem* et viderunt, etc.

---

1. Observons que le P. Amelote est le seul qui ait traduit ainsi, et que les autres traductions portent : « Mais *maintenant* vous dites que vous voyez, etc. »

Et dans saint Luc, chap. XIX, v. 42 : *Si cognovisses et tu, et quidem in hac die tua, quæ ad pacem tibi ! Nunc autem* abscondita sunt ab oculis tuis.

Le P. Amelote lui-même a traduit ainsi ces passages :

Saint Jean, Chap. VIII, v. 39-40. *Si* vous êtes enfants d'Abraham, faites les œuvres d'Abraham. *Mais maintenant* vous voulez me faire mourir, etc.

Chap. XI, v. 21-22. *Si* vous eussiez été ici, mon frère ne serait pas mort. *Mais* je sais (que même) *à cette heure* (qu'il est mort), Dieu vous accordera, etc.

Chap. XV, v. 22. *Si* je n'étais point venu... ils seraient sans péché ; *mais maintenant* ils n'ont point d'excuse.

Chap. XV, v. 24. *Si* je n'avais point fait parmi eux des œuvres... ils seraient sans péché ; *mais maintenant* ils les ont vues, etc.

Saint Luc, chap. XIX, v. 24. *Si* vous connaissiez encore en ce jour les choses qui se présentent pour vous donner la paix ; *mais* elles vous sont *maintenant* cachées.

Toutes ces phrases portent en latin : *si* et *nunc*

autem où *sed nunc,* et en grec εἰ et νῦν δέ ou ἀλλὰ νῦν.

Vous le voyez, l'autorité du P. Amelote lui-même donne, sur sept cas identiques, deux solutions favorables à la suppression du mot *maintenant,* contre cinq qui condamnent cette suppression.

En admettant même que cette suppression soit facultative, lorsqu'il s'agit de traduire un ouvrage *littéraire,* oserait-on se la permettre dans une convention diplomatique ? Comment donc nommer cette licence, lorsqu'il s'agit de l'Évangile, et qu'elle est contraire à l'autorité des traducteurs précédents ?

Non-seulement le P. Amelote a condamné cinq fois lui-même l'opinion de M. Baillès, mais il suffit de lire avec quelque attention les chapitres qui précèdent et annoncent cet interrogatoire devant Pilate, pour reconnaître que ni le Christ, ni saint Jean, ni même le P. Amelote, n'ont été sobres de cet adverbe de temps, signe d'un *présent* qui devait transformer le *passé* en *avenir,* par le divin sacrifice.

C. XIV. — « *Dans peu de temps* le monde « ne me verra plus, mais vous me verrez parce « que je vivrai. — *En ce jour-là* vous connaî-

« trez que je suis en vous. — Je vous le dis
« *maintenant* avant qu'il arrive. — Je ne vous
« dirai pas *présentement* beaucoup de choses,
« car le *prince de ce monde vient,* mais il n'a
« aucun droit sur moi. »

C. XV. — « Vous êtes *maintenant* purifiés
« par la parole que je vous ai dite. Si je n'étais
« point venu... ils seraient sans péché, *mais*
« *maintenant* ils n'ont pas d'excuse dans leur
« péché. — Si je n'avais pas fait parmi eux des
« œuvres qu'aucun autre n'a faites, ils seraient
« sans péché ; *mais maintenant* ils les ont vues
« et ils ont haï moi et mon père. »

C. XVI. — « *Maintenant*, je m'en vas à celui
« qui m'a envoyé. J'ai encore beaucoup de
« choses à vous dire, mais vous n'en êtes pas
« capables *présentement.* — *Dans peu de*
« *temps* vous ne me verrez plus, et encore *un*
« *peu de temps après* vous me reverrez. Vous
« êtes *maintenant* dans la douleur, mais je vous
« reverrai. — Le temps *viendra* que je ne vous
« parlerai plus en paraboles. — Ses disciples
« lui dirent : Vous parlez *à cette heure* claire-
« ment... Nous voyons *maintenant* que vous
« savez toutes choses. — Jésus leur répondit :
« *Maintenant* vous croyez... Mais le *temps*

« *viendra* et il *est déjà venu* que vous serez
« dispersés. — Vous aurez de la peine dans le
« monde, mais ayez confiance, *j'ai vaincu* le
« monde. »

C. XVII. « Mon père, l'heure est venue. —
« Glorifiez-moi *maintenant*. — Ils savent *main-*
« *tenant* que tout ce que vous m'avez donné
« vient de vous. — Je ne suis plus *maintenant*
« dans le monde, mais eux sont dans le monde.
« — *Mais maintenant* je vas à vous. — Le
« monde les hait à cause qu'*ils ne sont pas* du
« monde. — Comme *je ne suis pas* aussi du
« monde. »

Tels sont les prolégomènes de cette question
de Pilate : *Êtes-vous le roi des Juifs?* et de la
réponse : *Mon royaume n'est pas de ce monde.*
Or, de toutes ces citations, prises dans quatre
chapitres seulement et dans la traduction même
du P. Amelote, il n'en est pas une où la suppression du mot *maintenant* ou des mots qui rem-
placent cette indication du *présent*, n'eût été
plus innocente, plus indifférente et même plus
littéraire que celle qui a été faite au v. 36 du
chap. XVIII. Le P. Amelote n'a cependant pas
employé son élégance littéraire à en retrancher
cet adverbe. C'est qu'en effet, il eût été par trop

absurde de ne pas comprendre cette forme générale de l'évangile de saint Jean, forme qui lui est tout à fait particulière et qui est le cachet de sa foi *prophétique*. Comparé aux trois autres évangiles, celui-ci est une *annonce*, plus encore qu'un *récit;* il est l'annonce d'un monde nouveau, d'un monde autre que celui vaincu par Jésus, d'un monde différent du monde présent, du monde de *maintenant*.

Et pourquoi, en effet, cette forme se retrouve-t-elle encore fréquemment dans la parole de l'homme qui a le plus contribué à prêcher et à réaliser ce monde annoncé, ce nouveau monde? Pourquoi saint Paul condamne-t-il encore le P. Amelote et M. Balliès, en disant :

Cor. I, chap. VII, v. 13-14. *Si* une femme fidèle a un mari infidèle et qu'il consente de demeurer avec elle, qu'elle ne se sépare point d'avec lui; car le mari infidèle est sanctifié par la femme fidèle, et la femme infidèle est sanctifiée par le mari fidèle, autrement vos enfants seraient impurs, *au lieu que maintenant* ils sont sains. (*Si*... nunc autem. Εἰ... νῦν δέ.)

Cor. I, chap. XV, v. 19. *Si* nous n'avions d'espérance en Jésus-Christ que pour cette vie, nous serions les plus misérables de tous les hommes, *mais maintenant* Jésus-Christ est ressuscité, etc. (*Si...* nunc autem. Εἰ... νῦν δέ.)

Cor. II, chap. V, ỹ 16. Et *si* nous avons connu Jésus-Christ selon la chair, *maintenant* nous ne le connaissons plus de cette sorte. (Si... nunc autem. Εἰ... ἀλλὰ νῦν.)

Cor. II, chap. VII, ỹ 8. Car encore que je vous aie attristés par ma lettre, je n'en suis pas fâché... (ỹ 9) *mais maintenant* j'ai de la joie. (Si... nunc. (Εἰ... νῦν.)

Je ne pense pas que le P. Amelote ait traduit les Épîtres, mais les traducteurs que je connais sont unanimes pour conserver la forme *temporaire* aux citations que je viens de faire.

Peut-être M. Baillès et le *Globe* invoqueront ils deux passages des Épîtres ; je suis bien aise de leur en éviter la recherche ; les voici :

Cor. I, chap. VII, ỹ 17. *Si* tout le corps était œil, où serait l'ouïe, où serait l'odorat ? (ỹ 18) *mais* Dieu a mis, etc.

Cor. I, chap. XII, ỹ 19. Que *si* les membres n'étaient qu'un seul membre, où serait le corps ? *mais* il y a plusieurs, etc.

Dans ces deux passages, le latin porte *si* et *nunc autem,* et le grec εἰ et νῦν δέ; et cependant

Sacy a traduit par *mais* et a supprimé *mainte-nant.*

Voici donc encore, dans les Épîtres, deux cas favorables à la suppression, contre quatre qui lui sont contraires. Qu'en faut-il conclure?

D'abord que M. Baillès a eu tort de prétendre qu'on *devait* supprimer ce mot *nunc,* νῦν ou *maintenant,* lorsqu'il est joint à *autem* ou δέ et précédé de *si* εἰ. Ensuite que si, dans quelques cas (*interdum,* comme dit Henri Estienne) et dans des traductions purement littéraires, on peut le supprimer, de Maistre a encore raison de dire que, dans le cas particulier du ℣ 36 du chap. XVIII de saint Jean, la particule νῦν pouvant fort bien être prise littéralement, *il n'est point permis alors de la supprimer.*

On conçoit facilement que les traducteurs des Épîtres aient hésité à traduire : *Mais mainte-nant que Dieu a mis dans le corps plusieurs membres,* et : *Mais maintenant il y a plu-sieurs membres et tous ne font qu'un seul corps.* Toutefois, je me confesse encore ici *scrupuleux* et *timide,* et voici mon motif : cette comparaison des membres et du corps est faite par l'apôtre, pour arriver à cette admirable conclusion : « Or, vous êtes le corps de Jésus-Christ et membres les uns des autres. »

Eh bien, qui sait, comme dit encore de Maistre : « Si l'apôtre n'a pas voulu, par ce mystérieux monosyllabe, exprimer certaines choses que les hommes ne pouvaient pas encore comprendre? » qui sait s'il n'a pas voulu dire que, *maintenant qu'il parlait*, c'est-à-dire depuis et par la mort du Christ, mais seulement ALORS et non à l'époque de la création de l'homme, *Dieu qui avait mis dans le corps humain plusieurs membres, voulait que* DEPUIS LORS, *ces membres ne formassent qu'un seul corps*, le corps de Jésus-Christ, l'*humanité nouvelle* dont nous sommes membres? — *Jusque-là*, l'humanité formait-elle un corps? et même les parties de cette masse étaient-elles des individualités, étaient-elles des membres? Non, sans doute. C'est donc bien ALORS, à l'époque où saint Paul parlait, qu'il pouvait dire : MAINTENANT Dieu vous a faits, par Jésus-Christ, membres d'un seul corps, le corps du Christ lui-même, l'humanité régénérée, recréée, naissante.

Traduisons donc fidèlement, quand il s'agit d'un pareil livre : profitons des oublis, des infidélités même, pour découvrir sans cesse de nouvelles lueurs dans cette grande lumière, et disons avec Bossuet (1) : « Aucune des fautes de cette nature ne peut passer pour peu importante, puisqu'il s'agit de l'Évangile, qui ne doit perdre ni un iota, ni un de ses traits. »

Quant à cette phrase : « Mon royaume n'est pas de ce monde : si mon royaume était de ce monde, mes gens auraient combattu pour m'empêcher de tomber entre les mains des Juifs ; mais maintenant mon royaume n'est point d'ici ; » les traducteurs ne sauraient invoquer, comme pour les deux passages précédents, le moindre motif plausible qui les autorise à ne pas dire ; *mais maintenant.* Non-seulement cette désignation du temps présent n'implique aucune contradiction avec la première partie de la phrase, mais elle empêche que la seconde partie ne soit la reproduction oiseuse de la première. M. Baillès prétend qu'il est impossible qu'après une parole *absolue*, comme « mon royaume n'est pas de ce monde, » le Christ l'ait amoindrie par une condition restreinte et limitée ; il serait plus juste de dire qu'après une parole vague il l'a précisée, ce qui est même conforme

1. Correspondance, tome 2. Lettre au cardinal de Noailles.

à ces autres mots : *De hoc mundo et hinc*, ou ἐκ τοῦ κόσμου τούτου et ἐντεῦθεν.

D'ailleurs examinons cette phrase de saint Jean :

Ex τοῦ κόσμου τούτου est traduit par : *de ce monde*. Mais κόσμος signifie tout aussi bien : *siècle*, *société*, *l'ordre établi*, que : *le monde;* et même, dans cette dernière acception, lorsque κόσμος est suivi de τοῦτο, il signifie positivement *l'ordre actuel*, la *société d'aujourd'hui*, le *siècle présent*, et non pas *ce monde*, comparé à un autre monde que Pilate ne connaissait pas du tout, dont il n'avait pas la moindre idée, ou *cette terre* comparée au *ciel*, car κόσμος n'a jamais pu recevoir cette dernière interprétation; dans ce sens, il signifierait l'univers, ciel et terre.

Mais allons plus loin : νῦν δὲ ἡ βασιλεία ἡ ἐμὴ οὐκ ἔστιν ἐντεῦθεν. Comment peut-on croire que ἐντεῦθεν, qui est, il est vrai, adverbe de *lieu* et de *temps*, soit adverbe de *lieu* lorsqu'il suit νῦν et lui est corrélatif? Il en est de même de *hinc* par rapport à *nunc* qui le précède; l'un et l'autre, ἐντεῦθεν et *hinc*, font une obligation de conserver à cette phrase le caractère *temporaire*, ou si l'on veut même *local*, qui répond d'ailleurs si bien à la question : *Êtes-vous le Roi des Juifs?* et qui fait que Pilate conclut ainsi : Vous êtes *donc* Roi ? à quoi Jésus répond encore : Oui, je le suis.

Saint Luc, saint Marc, saint Mathieu, sont plus explicites encore ; car, à cette question de Pilate : Êtes-vous le roi des Juifs ? ils font répondre par Jésus : Vous le dites , — et, en effet, le peuple injurie, flagelle et crucifie Jésus de Nazareth, *roi des Juifs.*

Il est surprenant qu'à une époque où nous avons vu, où nous voyons des hommes qui ne sont Rois qu'en souvenir, qui se sentent Rois du passé, nous ne comprenions pas celui qui, sur la croix, se sentait Roi de l'avenir ; et pourtant tous les Rois de l'Europe se disent Rois *chrétiens,* et non juifs ou païens.

Quelques mots encore, et j'ai fini. Celui qui répondait aux pharisiens : « *Dès à présent* le *royaume de Dieu* est au dedans de vous ; » celui qui disait à ses disciples : « Il y en a quelques-uns de ceux qui sont ici qui n'éprouveront point la mort qu'ils n'aient vu arriver le *règne de Dieu* dans sa puissance ; pour vous, il vous est donné de connaître le mystère du *royaume de Dieu*; » celui qui disait aux princes des prêtres et aux sénateurs du peuple juif: « Je vous déclare que le *royaume de Dieu* vous sera ôté et qu'il sera donné à un peuple qui en produira les fruits ; » celui qui, satisfait de la réponse d'un docteur de la loi, lui disait : Vous n'êtes pas loin du *royaume* de Dieu ; » celui qui comparait les enfants du *royaume* de Dieu au bon grain et le *royaume* de Dieu au levain mêlé dans la farine, *jusqu'à* ce que *toute* la pâte soit levée! qui recommandait de chercher le *royaume de Dieu* premièrement, et qui le promettait à ceux qui feraient la volonté de son père ; qui annonçait qu'il enverrait ses anges pour enlever *hors de son royaume* l'ivraie ; qui signalait combien il était difficile au riche d'entrer dans le *royaume de Dieu;* qui s'écriait : « Il n'y a point de plus grand prophète que Jean-Baptiste, mais celui qui est le plus petit dans le *royaume de Dieu* est plus grand que lui.; » qui disait encore : « Laissez aux morts le soin d'enterrer les morts ; — mais pour vous, allez annoncer le *royaume de Dieu;* — quiconque regarde derrière soi n'est pas propre au *royaume de Dieu;* — le *royaume de Dieu* s'est approché de vous ; — si c'est par le doigt de Dieu que je chasse les démons, il est donc visible que le *royaume de Dieu* est venu jusqu'à vous ; — cherchez premièrement le *royaume* et la justice de *Dieu,* et tout le reste vous sera donné par surcroît ; — ne craignez point, petit troupeau, car il a plu à votre père de vous donner *son royaume;* — la loi et les prophètes ont duré jusqu'à saint Jean ; depuis ce temps-là le *royaume de Dieu* est *annoncé* aux hommes et chacun fait effort pour y entrer ; — personne ne quittera, *pour le royaume de Dieu,* ou sa maison, ou son père, ou sa mère, ou ses frères, ou sa femme, ou ses enfants, qui ne reçoive, *dès ce monde,* beaucoup davantage, *et dans le siècle à venir* la vie éternelle; — lorsque vous verrez arriver ces choses, sachez que le *royaume de Dieu* est proche; — je vous dis en vérité que cette génération ne finira point que toutes ces choses ne soient accomplies ; je ne mangerai plus la pâque, je ne boirai plus du fruit de la vigne, *jusqu'à* ce que le *règne de Dieu soit arrivé;* — je vous prépare *le royaume* comme mon père me l'a préparé, afin que vous mangiez et buviez à ma table dans *mon royaume;* » enfin, celui qui a enseigné au monde la prière que le monde répète depuis dix-huit siècles : « *Que votre règne arrive,* que votre volonté soit faite *sur la terre* comme au ciel, » celui-là a dû dire, en marchant vers la croix : « *Mais maintenant* mon royaume n'est pas d'ici ; » car le royaume annoncé avant sa naissance, préparé par toute sa vie, n'a été ouvert que par sa mort même à l'humanité, à qui il a donné espoir, mission et puissance de le *réaliser sur la terre.* Aussi, est-ce dans la mystérieuse apparition au sépulcre qu'il est dit : « Toute puissance m'a été donnée dans le ciel et sur la terre. »

Mais, quoi ! me prendra-t-on pour un copiste de Bellarmin et de de Maistre ? Dieu m'en garde ! il ne s'agit plus pour Pilate, aujourd'hui, au dix-neuvième siècle, *maintenant,* de savoir, comme au temps de Jésus, si Jésus veut détrôner César et s'il se dit le Roi du monde ; il ne faut plus voir, comme au temps de Charlemagne, dans le Pape et l'Empereur, portant l'un et l'autre le glaive, les deux moitiés militantes d'un monde de guerre ; enfin la question n'est plus, comme au temps de Louis XIV et de Bossuet, de savoir si l'Église doit dominer l'État, ou l'État dominer l'Église ; — il s'agit d'avoir enfin conscience que Dieu est incarné en nous, êtres imparfaits, mais progressifs, en NOUS TOUS, et de le sentir, *maintenant,* dans l'État comme dans l'Église, dans les Rois et les peuples comme dans le Pape et les prêtres, sur la terre comme au ciel ; il s'agit de réaliser enfin pacifiquement l'unité de la famille humaine, révélée par Jésus, enseignée par l'Église, préparée par le monde, combattue par tous les priviléges de race, de de caste ou de secte. Pour une pareille œuvre, arrière les théologiens qui disent : « Nous sommes seuls les membres du corps du Christ : vous autres, vous n'en êtes que le vêtement et la chaussure ! » Arrière aussi les politiques qui disent : « Que le Christ reste dans son sanctuaire ; il n'est pas de ce monde ! » car ces théologiens et ces politiques ne sentent pas que l'Homme-Dieu porte encore sa croix, et qu'il souffre, abreuvé de fiel, accablé de misère, dans les entrailles du peuple, dans celles des Rois, et plus encore peut-être dans celles des prêtres.

J'ai l'honneur d'être, etc., etc.

P. E.

CCCL^e LETTRE

A M. EDGAR QUINET

PROFESSEUR AU COLLÉGE DE FRANCE

Paris, octobre 1844.

Pardonnez-moi, mon cher monsieur, si je ne vous ai pas encore remercié de l'envoi que vous m'avez fait de votre excellent livre : je ne voulais vous écrire qu'après vous avoir lu, et cela m'avait été jusqu'ici impossible. Enfin, hier, j'ai profité de toute ma journée pour lire d'esprit et de cœur votre œuvre, qui m'a donné double pâture.

Vous savez tout ce que j'admire dans la noble guerre que vous faites au passé, et vous me connaissez désireux de vous voir poser et développer les bases de la paix future. Cette fois-ci, comme vous le dites vous-même, vous avez marqué plus nettement les fondements réels, et montré plus clairement les indices de l'avenir. Cependant vous me savez déjà si exigeant, que vous me permettrez de réclamer plus de netteté, plus de clarté encore pour votre œuvre prochaine.

Vous êtes maître, non-seulement de votre auditoire, mais du monde pensant; vous êtes donc LIBRE. A mesure que vous avancez dans votre apostolat, son côté militant, destructif, prend et prendra une importance relative moins grande, à l'égard de son côté organisateur, fondateur, créateur. Souvent, je dis qu'il serait bien désirable pour l'Algérie que l'hercule qui la gouverne déposât pendant une année seulement sa massue pour *empoigner* la charrue ; cette activité merveilleuse qu'il a déployée pour la guerre, que de choses ne pourrait-elle pas faire pour la paix? J'en dis autant de cette guerre que vous faites si bien.

Cette nécessité d'achever ce que le siècle précédent a si bien commencé, *d'achever* ce qui meurt (vous le démontrez clairement) depuis plusieurs siècles, cette nécessité est sentie généralement; vous en avez la preuve par l'accueil que reçoit votre parole, par le retentissement que lui donnent les journaux qui ont le plus de publicité. Il me semble que vous devez être effrayé quelquefois de ce succès, car l'histoire vous a appris, et vous rappelez sans cesse à vos auditeurs, que les apostolats ne se font pas aux applaudissements de la foule.

Votre réhabilitation du xviiie siècle me paraît de nature à faire naître en vous cette crainte. En effet, comment concilier votre admiration pour les premiers chrétiens avec votre admiration pour la philosophie du xviiie siècle? — Pendant que ces premiers chrétiens mouraient au cirque, il y avait aussi des philosophes qui turlupinaient Jupiter et les augures, comme Voltaire le Christ et ses prêtres. Sans les philosophes, même sans les éclectiques, il serait difficile de se rendre raison de l'apparition et du progrès du christianisme; mais enfin il y a là deux œuvres distinctes : l'une destructive, mais préparatoire et déblayante; l'autre constructrice et bâtissante, pleine de vie et d'avenir. Des deux côtés c'est bien l'humanité, inspirée par le même Dieu qui donne la MORT et la NAISSANCE; mais, encore une fois, ce sont deux *opérations distinctes*, pour l'homme et en Dieu même.

Ceci m'amène à vous faire remarquer que votre admirable portrait de Voltaire se rapproche d'un portrait qui pourtant vous fait horreur. Il fallait, dites-vous, que l'Église fût punie de ses crimes par les flagellations de l'esprit; Voltaire est l'ange d'extermination. — Vous avez bien raison, Voltaire est le bourreau. Sans doute, celui qui punit, flagelle, extermine, joue un grand rôle dans le monde ; de Maistre, qui le sentait, l'a mal dit ; vous, qui le sentez aussi, le dites bien, parce que de Maistre n'a senti que l'instrument aveugle, et vous l'instrument intelligent des corrections de la justice divine. Mais Dieu ne corrige pas toujours ; tous ses anges ne sont pas *exterminateurs ;* la justice n'est pas même l'expression suprême de son infinité ; c'est l'amour, qui est l'essence de vie universelle, comme c'est lui qui est l'âme de l'homme.

Qui n'aime pas en frappant est un BOURREAU. Le xviiie siècle n'a pas pu aimer ses *victimes,* de même que les premiers siècles de notre ère n'aimaient pas leurs *martyrs ;* le passé contre l'avenir a ses Dioclétien, ses Julien même ; l'avenir contre le passé a ses Diderot, ses Voltaire, comme il a eu son Robespierre.

Ils sont grands ces bourreaux de l'humanité, ce sont même des héros, et Napoléon est le dernier rejeton de cette race sublime ; mais pourquoi donc ne pas classer, comme en botanique, dans toute science naturelle, les espèces et les genres ? Pourquoi faire de Voltaire un saint Paul, un révélateur, un Christ peut-être? Pourquoi donner aux philosophes un nom qui, de leur vivant, les eût fait rire? Pourquoi en faire des hommes RELIGIEUX?

Ce grand mot de religion, si on l'applique à toutes les époques de l'humanité, à toutes les grandeurs du génie, à tous les héros, autant le supprimer de la langue.

Que le Christ et Moïse, que Mahomet et Luther lui-même forment au moins une variété dans l'histoire de l'humanité; Platon et Aristote, Voltaire et Rousseau en formeront une autre, où n'entreront point saint Athanase, saint Ambroise, saint Jérôme, saint Augustin. Sans cela, pas d'histoire; panthéisme confus.

Quand des sauvages intelligents commencent à se dégoûter de leurs fétiches dont ils découvrent le mensonge et la faiblesse, ils les battent, les cassent et les foulent aux pieds; mais on n'appelle pas cela fonder une religion, révéler au monde une foi nouvelle; c'est une négation, voilà tout; et il en faut deux pour l'affirmation; il faut que des hommes viennent, comme disait de Maistre, qui mettent fin à ce siècle de destruction, et lui disent : Tu es toi-même faible et menteur !...

Comment avez-vous pu, lorsque vous reconnaissez vous-même que Voltaire est passé de Goëthe à Byron, à Hégel, chercher à le ramener triomphant en France, dans la nation avant-garde de l'humanité! Que les Allemands en soient encore là, c'est tout simple; il y a bien entre eux et nous, pour la grande marche de l'humanité vers Dieu, un bon siècle de distance. Pourquoi d'ailleurs, vous qui aimez tant l'*avenir*, vous passionner ainsi pour *ce passé* qui est un *présent* pour l'Allemagne, et qui sera demain *le présent* de la malheureuse Espagne? Il faut, sans doute, que Voltaire *extermine* le protestantisme allemand, et il *exterminera* le catholicisme espagnol; mais en France, pour souffler sur la poussière du cadavre que Voltaire y a fait, nous n'avons plus besoin que d'aspirer l'avenir.

Votre cours est sur l'*Église romaine et la société moderne*, et pourtant l'homme le plus moderne, dans votre livre, c'est, je crois, Châteaubriand, qui, avec Rancé, creuse sa tombe, d'où sortiront ses mémoires! Je ne sais pas si vous vous rappelez que j'écrivais à Heine de signaler au monde l'espoir de l'avenir dans la génération vivante. C'est là vraiment la société moderne qu'il faut mettre en présence de l'Église romaine, si vous voulez que celle-ci recule et s'effraye, car elle n'a pas peur des fantômes, elle a assez joué avec leurs osselets.

Ne savez-vous donc pas qu'au moment où Napoléon se faisait sacrer César par le Pape, Saint-Simon se préparait déjà à écrire : « Le meilleur théologien est celui qui fait les applications les plus générales du principe fondamental de la morale divine ; le meilleur théologien est le véritable Pape, il est le vicaire de Dieu sur la terre. Si les conséquences que je vais vous présenter sont justes, si la doctrine que je vais exposer est bonne, c'est au nom de Dieu que j'aurai parlé. »

A la même époque, Fourier, au milieu de la *guerre universelle,* rêvait déjà la société d'*harmonie universelle.*

Entre le XVIIIe siècle et nous, entre les anciens et les modernes, ces deux hommes creusaient un abîme, ils mettaient fin, en France, à ce siècle qui durait toujours, à ce siècle de destruction. Eux seuls, à côté de Napoléon qui badigeonnait du VIEUX, qui faisait des barons et des évêques, eux, les premiers, ont parlé de faire du *neuf.* Sans eux (ou tous autres à leur place) nous chanterions Collé, Vadé et Parny comme sous le Directoire, ou la *Marseillaise* comme en 93, avec accompagnement de guillotine ou de canon ; ou bien nous servirions la messe comme au bon vieux temps ; ou bien enfin nous lirions la *Pucelle* et peut-être *Horace*, ce livre des hommes de goût dégoûtés.

Sans eux, mon cher Quinet, vous ne nous diriez pas les bonnes choses que vous nous dites, car celles-là, soyez en sûr, vous ne les avez pas apprises dans Voltaire.

La société moderne ! mais, bonne ou mauvaise, qui donc a donné, même à M. Guizot et au Roi, « la paix partout, la paix toujours ? » qui donc a créé cette société d'argent, à la place de la société de fer de Napoléon et de la Convention ? Attaquez, bafouez les pères de cette *société moderne*, si vous trouvez qu'elle pue la paix et l'industrie ; mais ce n'est ni Voltaire, ni Rousseau, ni Napoléon, qui ont fait *ce monde*.

Les premiers chrétiens ont aussi été accusés de *pourrir* le vieux monde romain, parce qu'ils enfouissaient ce fumier sous la terre où ils jetaient à pleine mains la semence des générations futures. Les philosophes disaient que saint Paul déraisonnait ; les hommes d'État, qu'il était un

pertubateur ; les femmes, qu'il était très-im-
moral.

Oui, le sentiment de paix, d'association entre
tous les peuples, de justice pour tous les lieux
et tous les temps ; le besoin de *réaliser* d'une
manière positive, et non par le mot seul, la
fraternité humaine ; la passion d'améliorer effectivement et administrativement le sort moral,
physique et intellectuel du peuple, ont trouvé
des organes puissants, alors que tous les grands
du monde jouaient à la bataille, faisaient des
veuves et des orphelins, et traitaient le prolétaire
comme chair à canon.

Voici donc les vrais pères de la société moderne ; reste à savoir qui est, et ce qu'est cette
société.

Vous dites qu'en Espagne on ne demande pas
que le clergé creuse les canaux et construise des
manufactures ; on a bien raison ; mais les prêtres de Thèbes *faisaient* creuser des canaux,
ceux de la Judée *présidaient* à l'agriculture ;
ceux de l'avenir, soyez-en sûr, *béniront* les dra-
peaux de l'armée des travailleurs, comme les
prêtres du Dieu des armées destructives bénis-
saient ceux de César. Ils aimeront et connaîtront
le travail pacifique, ils feront transformer le fer

de lance en soc de charrue, et ce sera là un beau travail de l'âme.

Or, pour cela que faut-il ? Que l'enseignement et l'éducation tournent le cœur, l'esprit et les bras vers la PRODUCTION et non vers la *destruction* des autres et de soi-même, comme l'ont fait jusqu'ici tous les CLERGÉS et tous les ÉTATS ; car toujours les États ont cru avoir un ennemi *en dehors d'eux*, et les clergés ont enseigné aux hommes qu'ils avaient *en eux-mêmes,* dans le cœur humain, un ennemi, un démon à combattre.

Le monde a vécu jusqu'ici sous l'empire de la doctrine des deux *principes ennemis ;* la révélation nouvelle, c'est l'UNION de *deux principes amis,* du moi et du non-moi, de la patrie et de l'étranger, du passé et de l'avenir, du devoir et de l'intérêt, en un mot, des deux faces de toute existence dans le sein de la vie universelle.

C'est là ce qui a engendré le monde moderne; telle est la vraie doctrine universelle, parce qu'elle est *pacifique* et fécondante; c'est là l'esprit qui se promène aujourd'hui sur le monde et l'électrise mystérieusement, à l'insu de presque tous.

Lorsque M. Thiers écrivit sa belle thèse pour l'État contre l'Église, à propos de l'enseignement, il n'y manqua qu'une seule chose, mais capitale, et dont l'absence ne fait de ce rapport qu'une habile parole, un vain bruit. Cette chose, c'est *ce qu'il faudrait enseigner* à la société moderne, pour avoir le droit de faire la leçon à ses enseigneurs anciens.

En d'autres termes, tant qu'on n'osera pas aborder avec l'Église les questions de dogme, on divaguera.

Comme le disait autrefois un ami : *On ne comprend pas Dieu quand on ne comprend pas la trinité.*

Que M. Thiers laisse passer la *trinité*, cela ne m'étonne pas, parce qu'il veut être ministre, et non point ministre du *Seigneur Dieu;* mais vous qui n'avez pas cette ambition mesquine, vous qui n'avez pas pour auditeurs des députés, et qui devez chercher partout des *élus*, mais des *élus de Dieu*, arrivez donc hardiment au *dogme.*

Comment entendez-vous le *Père*, le *Fils* et le *Saint-Esprit?* Toute la question est là.

Aussi finirai-je là ma longue lettre. Pour vous écrire ainsi, il faut que je compte bien sur votre amitié, car je crois vous donner, par la liberté que je prends avec vous, une grande preuve de celle de votre tout dévoué.

P. E.

CCCLIe LETTRE

A M. le comte B.

Paris, octobre 1844.

Monsieur le Comte, nous avons commencé hier notre connaissance par une question bien grave que vous avez soulevée ; elle était si grave, qu'il m'a paru nécessaire de me réserver d'y répondre plus tard, si j'acquérais la conviction, largement acquise dans les quelques heures suivantes, qu'il n'y avait pas de question assez haute pour vous être étrangère, et que les plus hautes vous étaient le plus chères et familières.

Il s'agissait entre nous de la *procession des trois personnes, le Père, le Fils et le Saint-Esprit.*

D'abord, comment pourriez-vous croire qu'une

question théologique ou métaphysique qui a été si longtemps discutée par les plus grands hommes d'une grande époque, et qui, plus tard, par des solutions différentes, divisait des nations, ces nations prenant dès lors des allures et des formes sociales différentes, comment pourriez-vous croire, dis-je, que ces questions ne recouvrent point les plus hauts mystères du *cœur*, de l'*esprit*, et même du *corps* humain?

Si, comme j'en ai la conviction, dans la pensée des élaborateurs du dogme chrétien, les attributs de l'être divin n'ont jamais été autre chose que les attributs de l'être fini, divinisés; si les Pères de l'Église, si le Christ lui-même, ont donné simplement, c'est-à-dire divinement, la vie aux entités ontologiques des philosophes; si saint Augustin, par exemple, savait son Platon sur le bout du doigt et jouait avec sa trinité philosophique en la transformant dans sa grande âme de prêtre, c'est-à-dire en la rendant populaire; si je le vois dogmatiser sur le SAVOIR, le VOULOIR et le POUVOIR, en même temps qu'il dogmatise sur le *Père*, le *Fils* et le *Saint-Esprit,* alors il me semble que je comprends l'importance de l'ordre selon lequel se règle la *procession* des trois formes de la vie humaine et divine.

Supposez qu'à une époque de l'histoire de l'humanité les peuples aient eu besoin d'avoir à leur tête les hommes d'*action*, à une autre époque les hommes de *science*, à une autre les hommes de *cœur;* il est clair qu'à chacune de ces époques ces peuples auraient vécu sous l'empire d'une solution différente du dogme universel, selon une procession différente des attributs de l'être social et de l'être divin.

Si, pour vérifier et démontrer cette pensée, examinant, en effet, les peuples qui se sont divisés en croyances religieuses diverses, vous les voyez constitués politiquement sous la forme constitutive de leur Dieu, alors vous reconnaissez qu'il y a effectivement un lien entre ces solutions théologiques et la destinée des nations.

C'est ainsi que l'arianisme, pour n'avoir pas compris la trinité catholique, pour être resté plus ferme dans l'unité de Moïse, a préparé l'Orient à l'unité autocratique de Mahomet, à l'unité du *livre* et du *sabre*, à l'absorption du *savoir* et du *vouloir* dans le *pouvoir*. C'est ainsi encore que le schisme grec a constitué une société chrétienne, dans laquelle la personne du Christ, l'humanité, le peuple, n'étant *reliée* que par celle du *Père* à celle du *Saint-Esprit,* est restée esclave, au-dessous d'une autre unité autocratique, véritable absorption du *savoir* et du *vouloir*, de la science et de l'industrie dans le *caprice* du Czar.

L'union religieuse des peuples qui forment l'humanité exige donc une entente sur le dogme aussi bien que sur la discipline. Il ne s'agit pas seulement, comme vous le pensez, de l'autorité religieuse du Pape; là n'est pas le seul, ni même le principal obstacle.

Je dis que le papisme n'est pas le principal obstacle; parce que, de toutes les solutions, celle du catholicisme me paraît la plus avancée, quoiqu'elle ne soit pas, selon moi, parfaite, quoique l'avenir ne lui appartienne pas. Le papisme ou catholicisme, en divisant le monde en deux parts, celle de l'esprit et celle de la chair, a mis d'une part le *savoir*, et de l'autre le *pouvoir*. A l'Église, la science de Dieu le Père; à César, la puissance sur le monde des chrétiens.

Telle est la division de la vie catholique; mais le lien entre les deux termes de ce dualisme est resté mystérieux; le Saint-Esprit est resté voilé, il n'a pas eu de représentant dans ce monde catholique; le *vouloir*, le bon-vouloir, lien du *savoir* et du *pouvoir*, n'est pas constitué. Vous savez pourtant que, selon les docteurs, le Saint-Esprit procède du Père et du Fils, et qu'il est leur lien. Vous savez aussi que, selon le papisme, l'apparition, la venue promise du Saint-Esprit a eu lieu, et qu'il s'est montré aux apôtres pour ne plus revenir. Là est, selon moi, l'erreur du papisme ; mais je crois qu'il partage celle-ci avec toutes les communions chrétiennes, sauf peut-être les *millénaires*.

L'Église papale, fondée pour *enseigner* le monde, non pour le *gouverner* (c'est là sa foi dogmatique), a donc eu, comme autorité religieuse, *sa volonté*, tandis que César, qui devait le gouverner, avait la *sienne*. Le Saint-Esprit, dogmatiquement, doit être un lien ; mais pratiquement, en fait, ce lien a sans cesse été coupé en deux, et à force de rattacher les deux bouts, les Églises et les trônes se sont divisés et dissous. Ni Rome ni César n'ont pu garder leur empire ; le protestantisme d'une part, et l'esprit révolutionnaire de l'autre, ont réduit en poussière ces deux grandes figures, ces deux personnes suprêmes du dualisme catholique, le Pape et l'Empereur, le Père et le Fils.

Où est le lien qui pourra les réunir, les reconstituer, redonner la vie à l'enseignement et

au gouvernement des hommes, les *relier ?* Où
sont les apôtres de la religion nouvelle?

A cette demande, Monsieur le Comte, je désire
qu'un jour vous puissiez répondre que vous connaissez des hommes qui ont cette grande passion, cette religieuse ambition dans l'âme. Si
vous pensez aujourd'hui que ces hommes ont du
savoir, qu'ils portent en eux la faculté de *pou-*
voir, soyez certain qu'ils ont par-dessus tout le
bon-vouloir qu'il est si rare de trouver aujour-
d'hui, dont vous doutez souvent, je le crois,
vous-même, dans les autres, mais qui pourtant
n'est point aujourd'hui, comme dans la Genèse,
porté sur les eaux ; il se meut dans le monde.

Au siècle dernier, un Russe qui venait à Paris
voulait dîner avec Voltaire, Diderot et d'Alem-
bert, et là, sans s'en douter, on préparait la
révolution française, en écrasant l'infâme, en
plaisantant sur la Trinité, sur tous les dogmes,
c'est-à-dire sur toute la science du passé ; c'était
même ce qu'on appelait faire de *l'histoire.* En
faisant cette méchante histoire, on enfantait réellement un avenir de guillotine. Votre empereur
Paul a senti cela ; votre empereur Alexandre l'a
compris ; je crois que votre empereur Nicolas le
sent et le comprend, et qu'il peut, ce que n'ont

pu ni Paul ni Alexandre, mettre fin en Europe, dans la chrétienté et dans le monde entier (car l'islamisme lui-même raille Allah), au siècle de Voltaire.

Ce ne sera pas, comme Paul, en le niant; comme Alexandre, en le combattant; ce sera en fixant les yeux sur le siècle qui doit le suivre; ce sera en cessant de lutter contre le passé, et en embrassant l'avenir.

Vous le voyez, Monsieur le Comte, on rencontre aujourd'hui à Paris ce qu'on n'y aurait pas trouvé au temps de Catherine. De Maistre écrivait près du palais de Paul; moi-même je suis parti de la capitale d'Alexandre, de ce chef de la sainte alliance des rois, pour venir me jeter dans la mansarde où trônait le chef de la sainte alliance des peuples et des rois, Saint-Simon; enfin, hier, vous et un serviteur fidèle de votre empereur, vous avez affectueusement dîné et causé avec des hommes que la France condamnait naguère à la prison et repoussait de son sein, comme immoraux et brouillons politiques : c'est que le temps a marché, c'est que l'ESPRIT s'avance vers la Russie aussi bien que vers la France; c'est aussi que vos trois empereurs ont suivi ce mouvement des âmes; Paul et de Maistre sont contemporains ; Alexandre et Saint-Simon le sont aussi, et je suis né la même année que votre grand empereur.

Songez, Monsieur le Comte, que vous aviez hier auprès de vous, à votre droite, un serf de l'industrie française, et à votre gauche un des aristocrates de cette industrie ; tous deux unis dans un même esprit de paix et d'association, d'ordre et de liberté. Là, vous avez vu que nous ne préparions pas au monde une révolution destructive, mais une évolution féconde.

Que vous nous considériez comme des instruments nécessaires d'un événement décrété sans nous par la Providence, ou par la force des choses ; que vous ne reconnaissiez pas en nous la puissance d'apprendre à l'humanité l'air qu'elle doit jouer sur le clavier divin, toujours est-il que vous avez entendu hier un air nouveau, chanté par le prolétaire Vinçard, air qui ne ressemble ni à la *Marseillaise*, ni aux chants qu'on apprenait à l'école du xviiie siècle.

J'espère, Monsieur le Comte, que vous garderez le souvenir de cette soirée, heureuse pour moi, puisqu'elle m'a procuré le plaisir de faire votre connaissance. Recevez, je vous prie, la nouvelle expression des sentiments que m'ont

fait éprouver, pour votre personne, la profondeur
et la variété de vos connaissances, la haute portée
de votre intelligence, et l'élévation de cœur qui
nous a tous frappés et charmés, en vous et dans
votre ami. C'est une belle soirée de Paris que
vous nous avez donnée, en échange des belles
soirées que de Maistre donnait à Saint-Pétersbourg.

Agréez, Monsieur le Comte, l'assurance de ma
haute estime et de mon parfait dévouement.

P. E.

〜〜〜〜〜〜〜〜

Entre la lettre qui précède et celle qui va suivre, se place,
dans l'ordre des dates, un billet d'Enfantin à Victor Hugo,
avec la réponse du poëte.

A VICTOR HUGO

17 janvier 1845.

Quelle admirable parole Dieu vous a inspirée !
Voici donc enfin l'antique invocation aux muses
transfigurée en une réalité vivante qui fait battre
le cœur ; voici les vieilles litanies de la Vierge,

même la Vierge-mère, dépouillées de leur mysticisme et revêtues de poésie sensible.

Par vous, poëte et prêtre à la fois, le Verbe-mâle de Dieu va pénétrer au sein qu'il féconde en toute éternité : La femme recevra de vous cette révélation nouvelle de sa propre destinée; elle en bénira son enfant dans ses entrailles; elle l'en ondoiera à sa naissance ; elle l'en baptisera pour la communion future. — Vous engendrez l'avenir !

Gloire et amour à vous.

P. E.

RÉPONSE DE VICTOR HUGO

19 janvier 1845.

Votre parole si douce et si noble me touche plus que je ne puis dire.

Vous êtes de ceux vers lesquels ma pensée était le plus intimement tournée pendant que je parlais.

Qui a creusé le sillon plus profondément que vous ?

C'est du fond de l'âme que je vous glorifie.
C'est du fond du cœur que je vous remercie.

V. H.

CCCLII^e LETTRE

A M. MICHELET

PROFESSEUR AU COLLÉGE DE FRANCE

Lyon, 28 février 1845.

Mon cher monsieur, laissez-moi vous appeler ainsi, quoique je n'aie pas eu encore le bonheur de vous serrer la main et de vous dire l'affection et l'estime que depuis bien longtemps j'ai pour vous. J'ai reçu à Paris votre dernier ouvrage ; j'étais alors souffrant, malade ; je n'ai pas voulu le lire en si mauvaise disposition ; un voyage à Lyon m'a remis sur pied, et j'ai trouvé l'ami Arlès lisant ce volume, que vous lui aviez aussi envoyé. Nous l'avons lu ensemble, et aujourd'hui je puis vous en remercier pour lui et pour moi.

Je ne sais si Quinet vous a montré ce que je lui ai écrit sur la grande œuvre que tous deux vous accomplissez. En voici le résumé : vous préparez le terrain pour l'édifice nouveau, avec un courage et un talent admirables ; mais il me tarde de vous voir l'un et l'autre commencer à bâtir, à poser les bases visibles, sensibles pour tous, les bases de ce monument d'avenir qui doit s'élever sur les ruines de celui du passé.

Je suis loin de prétendre que, contre des tentatives aveugles de restauration, de résurrection, il ne faille pas encore employer la sape et la hache, et qu'à ce terrible service les plus mâles courages ne soient pas nécessaires ; mais n'est-il pas évident, pour vous comme pour moi, que tout ceci mène prochainement à un examen du principe sous l'empire duquel le passé a vécu et vit encore, et à l'énoncé de celui sous lequel l'humanité veut et doit vivre désormais et qu'elle contient en germe dans son sein ? Ne s'agit-il pas, en deux mots, de déposer le dogme du passé et de poser celui de l'avenir ?

Discuter entre Jésuites et Université, entre Lacordaire et Villemain, de Ravignan et de Salvandy, Bautain et Cousin, évêques et conseil d'État, c'est bien, c'est fort bien ; mais pour savoir qui, des prêtres ou de l'Université, de l'Église ou de l'État, doit enseigner la génération actuelle, il me semble qu'il faudrait d'abord dire ce que cette génération a *besoin* d'apprendre. Je suis convaincu qu'alors on verrait que prêtre et Université sont à peu près autant l'un que l'autre hors de la voie du présent qui mène à l'avenir, qu'ils barbotent également dans l'ornière du passé. Je crois aussi que tous deux auraient à profiter, si l'on montrait clairement, à eux et au monde, qu'il y a autre chose à enseigner que ce qu'ils enseignent, et qu'ils doivent l'enseigner autrement qu'ils n'enseignent leur vieille doctrine des clercs, tonsurés ou non, du passé.

Est-ce à dire que je crois possible et utile d'opposer aujourd'hui au catéchisme de l'Église un catéchisme improvisé, et même de remplacer la *Grammaire de Lhomond* par une grammaire nouvelle? Je suis plus modeste et en même temps plus ambitieux ; je crois tout simplement et très-orgueilleusement qu'il faut aborder la trinité religieuse, Père, Fils et Saint-Esprit, et le dualisme politique et religieux qui divise le monde en deux camps ennemis, le monde sacré et le monde profane, et en général tous ces duels d'entités rivales, dans lesquels il s'agit toujours jusqu'ici, pour chacune d'elles, de la mort de l'autre.

Sans cela, comme le catholicisme est l'expression fidèle de son dogme; comme la politique chrétienne repose sur l'antagonisme de deux principes contraires, par essence et nature; comme le principe qui régit généralement encore chaque individu est un principe de lutte de lui contre ce qui n'est pas lui, que dis-je, de lui contre lui-même, il est impossible d'arriver à autre chose qu'à tuer ou être tué, mais non point à donner la vie, ou du moins on ne la donne alors que machinalement, et, pour ainsi dire, par hasard, c'est-à-dire par providence.

Sans doute, le passé doit mourir; mais doit-il être tué, l'être volontairement comme le supposaient et le pratiquaient certaines croyances antiques? Je pense que l'avenir réprouvera cette foi barbare, et qu'il posera en principe que, dans la vie présente, le passé s'endort, de même que l'avenir s'éveille, *entouré* de l'*amour de ce qui est*. J'aime à penser que le grand-père embrassera une dernière fois avec amour son petit-fils, en présence du père et de la mère, qui sont à lui-même ses propres enfants.

Dans tout ceci, je ne trouve place ni pour le

fils ni pour le petit-fils égorgeant leur père ou grand-père, celui-ci fût-il tombé en démence ou en enfance ; l'initié ne doit plus tuer l'initiateur.

J'ai foi que ce qui manque avant tout au clergé actuel, à quelque communion qu'il appartienne, c'est la révélation de ce que peut et doit être l'homme futur, l'humanité. Tant qu'on ne mettra sous ses yeux que l'homme qui fut ou même celui qui est, le prêtre aura toute raison de croire qu'il a, plus que qui que ce soit, le secret de la bonne *direction* de cette âme.

Où allons-nous ? allons-nous où l'Église croit que nous allons ? Toute la question est là. Or, où l'Église croit-elle et dit-elle que nous allons ? Est-ce à l'anéantissement de la chair, par exemple, ou bien à la réhabilitation, régénération et sanctification de la chair ? Tous les chrétiens, en tant que chrétiens, répondront (sauf quelques exceptions, interprètes rêveurs de quelques paroles obscures des vieux livres), tous répondront : « La chair retourne au néant d'où elle est sortie ; la vie est un temps d'épreuves pour l'esprit ; la terre une vallée de larmes, un lieu d'expiation, de mortification et de détachement, de pourriture, pour la chair corruptible, corrompue et corrompante. »

De ce principe très-élémentaire ressort non-
seulement une règle pour la conduite morale de
chacun, mais encore une règle pour les relations
du monde spirituel avec le monde temporel, par
conséquent un concordat entre le sacré et le profane, dans lequel celui-ci, à son insu même,
consent d'avance à sa déchéance future. Dès
qu'il a signé, ce n'est plus qu'une affaire de
temps. Et il en résulte encore, même dans le
sein du monde temporel, un code de droits et de
devoirs, par lequel les hommes de l'*esprit* ex-
ploitent les hommes de la *chair*, au lieu de s'associer entre eux ; de sorte que l'histoire de l'humanité chrétienne a été la *compression*, dite
sacrée, du *fait* par le *droit*, ou la *révolte*, dite
profane et même impie, du *fait* contre le *droit*.

Quand La Fayette a dit : L'insurrection est le
plus saint des devoirs, il a tout simplement
retourné le dogme, il ne l'a pas *renouvelé*.
Toutes les époques régulières et révolutionnaires
du passé sont les deux formes d'une même formule d'antagonisme, écrite de gauche à droite
ou de droite à gauche : antagonisme de famille à
famille, de caste à caste, de peuple à peuple. La
famille, la caste, le peuple qui se prétendait un
droit, exploitait la famille, la caste, le peuple

qui n'était qu'un *fait*, jusqu'au moment où ce *dernier* pouvait dire : Bienheureux les derniers, car ils sont devenus les premiers ! et le fait nouveau détrônait le vieux droit.

Dans ces évolutions successives, sans doute l'humanité en masse a beaucoup gagné ; elle a gagné de comprendre progressivement, par une suite de transactions de plus en plus larges et généreuses entre le fait et le droit, que pour l'homme, être *fini,* il n'existe pas de droit tellement *absolu* qu'il ne puisse et ne doive être modifié par un fait NOUVEAU, ou simplement *croissant*.

En même temps, à chaque évolution, l'accès du pouvoir social devenait plus facile à tous ; et cependant, nous en sommes encore à chercher aujourd'hui une définition de ce que doit être moralement, religieusement, le POUVOIR ; de sorte que les sociétés n'ont pas cessé d'être des *exploitations* de gouvernés par gouvernants, de serviteurs par maîtres, au lieu d'être des ASSOCIATIONS.

Et le mariage lui-même, et la famille, grand Dieu ! n'est-ce pas toujours l'exploitation de l'un des conjoints par l'autre, ou des enfants par les parents, ou des parents par les enfants ?

L'humanité touche cependant à cette grande transformation de l'antagonisme en association ; mais pour qu'elle entre dans cette voie, il faut que les âmes d'élite lui fassent sentir qu'en effet tous ces dualismes, entre lesquels l'être fini se trouve nécessairement ou divinement placé, sont harmoniques et non point hostiles.

C'est donc une révision de ces arrêts des grands conciles qu'il faut faire ; c'est un nouvel examen de la procession entre les trois personnes de la trinité ; c'est un symbole de foi à préparer, un *Credo*, une nouvelle définition de la vie.

Entre un philosophe qui dirait : La vie est l'*association* du moi et du non-moi (amour), et celui qui prétendrait que c'est l'*exploitation* du non-moi par le moi (égoïsme), ou bien encore celui qui dirait : C'est l'*exploitation* du moi par le non-moi (humilité, servilité), certes la différence est grande ; de même entre le moraliste qui dirait : Le mariage, c'est l'union par ÉGALITÉ de l'*homme* et de la *femme*, et celui qui dirait : C'est l'union par OBÉISSANCE de la *femme* à l'autorité de l'*homme*, la différence est aussi fort grande. Eh bien ! en toutes choses, les premiers principes, selon leur nature, portent leurs con-

séquences. Alors, pourquoi s'étonner et se plaindre de ce qu'il y ait encore tant d'hommes qui
prêchent aujourd'hui, les uns en y croyant eux-
mêmes, les autres comme moyen d'exploitation,
cette grande doctrine du détachement de l'âme
des choses terrestres, et de l'obéissance passive
du moi profane au non-moi sacré? Pourquoi reprocher au prêtre de détacher la femme de son
mari, de ses enfants, de ses biens, et au Jésuite
de faire du Jésuite même un cadavre, si on ne
démontre pas que le dogme auquel ils obéissent
en agissant ainsi n'est pas celui qui doit régner
sur l'humanité nouvelle ?

D'ailleurs, mon cher monsieur, vous avez dit
vous-même : « Une vieille femme, pour le laïque,
est une vieille; pour le prêtre, c'est une femme.
Où le monde finit, le prêtre commence.» Prenant
au très-grand sérieux cette parole, j'ajoute : « Un
vieux domestique, un vieux ouvrier, pour le
laïque, est un instrument usé; pour le prêtre,
c'est un homme; où le monde finit, le prêtre commence. » Ceci n'explique-t-il pas même pourquoi, au XIXe siècle, les églises sont pleines *de
vieilles femmes, de domestiques, de prolétaires?*

Mais ce n'est pas tout; qu'est-ce donc que le

jeune garçon et la jeune fille pour le monde? Est-ce qu'on ne doit pas dire aussi, pour eux, que là où le monde n'a pas même commencé, le prêtre a déjà presque achevé? Est-ce que ce n'est pas lui, lui seul, qui, même aujourd'hui, enseigne à l'enfance à balbutier le nom de Dieu? Est-ce que ce n'est pas lui, lui seul, qui a DROIT, de par la volonté expresse du monde, de par le consentement au moins tacite du père, d'enseigner la morale au fils et à la fille?

Oui, mon cher monsieur, tout ce qui est trop vieux ou trop jeune pour garder ou prendre sa place dans le monde; tous ceux qui en sont repoussés ou délaissés parce qu'ils sont pauvres ou infirmes; en un mot, les faibles écrasés par les puissants trouvent encore dans le *prêtre* la consolation et l'espoir; car en les détachant de ce monde *ingrat, imprévoyant*, il les rattache à un *autre monde* de *grâce* et de *providence*.

Le prêtre conservera ce saint et glorieux privilége, par-dessus tous les philanthropes et philosophes humanitaires, tant que ceux-ci ne prêcheront pas, comme DOGME de ce monde même, comme loi de la terre et non point seulement comme loi du ciel, l'ASSOCIATION de la *vieillesse* et de l'*enfance* dans la famille; du *maître* et de l'*ouvrier* dans l'atelier ; du *gouvernant* et de *gouverné* dans l'État ; tant qu'ils n'affirmeront pas que le temps est arrivé, MAINTENANT, où le règne de Dieu doit être réalisé *sur la terre* comme *au ciel*, et où chacun, quelle que soit sa naissance, doit être *honoré*, *rétribué*, *élevé* selon ses œuvres *passées*, *présentes* ou *futures*, c'est-à-dire a droit à la *retraite*, au *salaire*, à l'*éducation* qu'il *mérite* ; enfin tant qu'ils ne confesseront pas que telle est la volonté de Dieu.

Vous avez reconnu vous être trompé pour avoir dit que des hommes mariés n'auraient pu élever ces églises gothiques, monuments sublimes, cette flèche de Strasbourg, etc. Mais vous paraissez croire qu'en montrant l'esprit chrétien dans ces pierres vivantes vous avez enseigné au clergé lui-même, qui ne l'a pas compris, dites-vous, ce que signifiaient ces pierres, et l'avez remis ainsi sur la voie de ce qu'il devrait faire aujourd'hui. En effet, vous avez puissamment réhabilité le passé, que le xviiie siècle avait méconnu, et vous avez ainsi préparé l'avenir, qui ne peut s'établir que par la justice et non par la violence, par la *re-connaissance*, et non par l'*ignorance*. Mais si l'esprit chrétien n'était pas destiné à subir lui-même une transfiguration, nous serions condamnés à voir se repeupler les cathédrales, comme elles l'étaient il y a six à huit siècles; car elles sont la fidèle expression du *dogme*, elles sont l'esprit chrétien pétrifié.

Eh bien! ce *signe de pierre* n'est plus un signe d'avenir, car l'esprit de Dieu ne doit plus être en dehors du monde, mais bien réellement dans le monde; car la matière, qui aspirait à la vie et la cherchait alors dans le *ciel*, la doit trouver aussi *sur la terre*; car la maison de Dieu cesse d'être un lieu de pénitence, d'expiation, de tristesse, de mort au monde, pour devenir aussi la maison du peuple, son lieu de communion avec les autres peuples, le centre de ses relations catholiques avec le monde. En un mot, la politique et la religion ne doivent plus être qu'une seule et même chose, le jour où le règne de Dieu n'est plus seulement dans le ciel, le jour où ses ministres sont vraiment aussi les ministres des intérêts de l'humanité.

Oh! non! le temple de l'avenir ne sera pas une copie de ces sublimes et sévères cathédrales; celles-ci seront toujours admirables pour *détacher* l'esprit de la terre, pour le faire régner en maître dans le monde des sombres rêves, pour le mettre en rapport mystique de tristesse avec *ce qui fut et ce qui sera,* mais non pour établir un lien réel, un lien joyeux et vivant entre l'homme et CE QUI EST. La MORT y règne d'une façon magnifique et sauvage, la VIE y reçoit un triste baptême de renonciation à elle-même ; et la communion, pour avoir été conçue par l'esprit chrétien comme l'union de l'homme à Dieu, détache l'homme de l'homme plutôt qu'elle ne les unit. Oui, dans la communion même, l'Église est parvenue à isoler les uns des autres tous ces convives de la sainte table; dans l'immensité de ce vase sacré, chacun sent son âme, comme les hosties au ciboire, séparée de celles de ses frères et seule en présence de son Dieu.

Quelque grande qu'elle soit, et même plus elle est grande, la cathédrale est la maison d'isolement; c'est le monument de l'individu, prêtre ou fidèle; c'est une cellule.

Prêtre ou fidèle, viens-je de dire, et je l'ai dit au singulier ; c'est qu'en effet, lorsque je parcourais les vieux temples de l'Égypte, je voyais la place d'un peuple de prêtres et d'un peuple de fidèles; et dans ces vastes solitudes il me semblait voir encore ces deux peuples *agir,* se *mouvoir,* bien plus que *méditer* sur eux, prier pour eux, songer à eux, ne voir qu'eux et leur Dieu. Ces temples, c'était le MONDE, leur monde à tous; et si quelques lieux secrets étaient réservés pour les initiés, si pour les prêtres le dogme avait une formule, et pour les fidèles une autre formule, au moins tous s'occupaient au temple de l'œuvre commune; et la pierre raconte aujourd'hui leurs travaux, leur histoire, leurs mœurs, leur société.

« Quelle demeure que cette Église! dites-vous. Quel hôte immense doit donc y habiter! » — Vous le voyez, pour vous aussi, Église vous fait songer à un *homme;* dans l'avenir, ce mot fera songer surtout à HUMANITÉ; c'est qu'alors la pierre elle-même prononcera ce grand nom.

A qui dirait que Notre-Dame est une œuvre *sur*-humaine, je serais tenté de dire *in*-humaine. Glace du corps, glace de l'âme, extase de l'esprit, ce n'est point là la vie, et pourtant c'est bien l'esprit chrétien; car Dieu, pur esprit, a été crucifié dans la chair, en Jésus-Christ, pour le salut des hommes; car l'âme de l'homme doit retourner solitaire à Dieu, comme elle a été créée par lui solitaire.

Comment se fait-il, cher monsieur, que dans tout votre ouvrage le prêtre actuel, le prêtre du xixe siècle, cet esprit étroit, chaussé de gros souliers, couvert d'une sale robe noire, cet ange mal peigné, à figure plate et souvent ignoble, vous ait paru un Lovelace, un don Juan, comme pouvaient l'être autrefois un vigoureux et beau Cordelier, un charmant abbé musqué, un riche et aimable possesseur de scandaleux bénéfices?

Je sais qu'il y eut naguère, et qu'il y a sans doute encore des Mingrat ; il doit y en avoir surtout depuis que le célibat des prêtres a été si vigoureusement attaqué par des esprits éminents, par des hommes considérables qui ont ainsi aidé l'aiguillon de la chair à se faire sentir, là où la discipline autrefois respectée par tous, même par les laïques, éteignait dans le silence les ardeurs de la luxure ; mais vraiment le prêtre ne prend aujourd'hui tant d'âmes de femmes que parce qu'il fait, *au contraire*, réaction contre tant de laïques qui, dans leurs amours, ne rêvent que *richesse* ou *débauche,* qui n'épousent une femme que parce qu'elle est riche, s'ils sont pauvres ; que parce qu'elle est belle, s'ils sont riches, sans s'inquiéter de son âme.

De toutes les classes d'hommes qui vivent sous le ciel, croyez-vous qu'il en soit une seule qui ne renferme pas mille fois plus de SÉDUCTEURS de femmes et de filles que la classe des prêtres? Ceux-ci, direz-vous, ont fait serment d'être *sages*, et pourtant ils ne le sont pas *tous*. Oui, sans doute, ils ont fait ce serment, et c'est précisément ce à quoi vous ne paraissez pas faire attention suffisante. Ils ont fait ce serment; mais qui donc le leur a imposé? dans les mains de qui l'ont-ils prêté? à qui pourrait-on, et qui pourrait en imposer un semblable, un de cette force? Essayez donc de faire prêter un tel serment à cette autre troupe de célibataires qui se nomme l'armée; essayez de moraliser tellement les garçons et les filles de nos villes et villages même, que vous puissiez obtenir d'eux cette castration à laquelle le clergé se condamne volontairement par ses vœux.

Lorsque toute la société laïque montre en elle-même, de toutes parts, cet appétit désordonné des sens, on peut y voir (du moins c'est mon opinion) le signe avant-coureur du jour où les sens recevront une règle plus humaine que cette chaîne, que cette discipline de fer, imposée jadis par réaction contre les orgies du paganisme. On peut, on doit voir, selon moi, par exemple, dans le développement si prodigieux que prennent, à notre époque, ce qu'on nomme les intérêts matériels, l'indice d'une évolution sociale dans laquelle l'industrie, affranchie et ennoblie, prendra, dans la politique, une place plus grande que celle qui fut jadis l'apanage de la guerre ; on doit y voir le fer de lance se transformant en soc de charrue ; mais à un tel moment de soif de plaisirs et de richesses, croire que, dans ces deux carrières, les prêtres sont d'habiles maîtres, voir en eux des satyres et des Robert Macaires, c'est prendre un séminaire pour un bal masqué de l'Opéra ou de la Chaumière.

Si vous voulez tonner contre les ravisseurs de femmes et de filles, contre les spoliateurs d'héritages et les avides accapareurs d'or, vous dirigez vos foudres là où ne sont pas les plus coupables, je dirai même là où sont les plus innocents. Le malheur et le défaut du prêtre, au contraire, c'est de ne pas comprendre et de chercher à entraver, au lieu de la RÉGULARISER pour la contenir, cette vive ambition du pauvre à devenir riche, source puissante de travail et de production, mais aujourd'hui encore source de désordre, de misère et de crimes. Le malheur et le défaut du prêtre, c'est que les premiers chrétiens aient cru que dans le culte de Vénus, de l'Amour et des Grâces, TOUT absolument était mauvais, au fond et dans la forme, et que le corps n'a d'autre manière de se purifier, qu'en se martyrisant, s'exténuant, s'annulant. Le grand malheur du prêtre, c'est de ne point sentir et savoir que la femme et l'industrie auront, dans la société future, une place tout autre que celle où les reléguait la société du passé.

Que de belles et bonnes choses vous avez dites, mon cher monsieur, sur la puissance de la mère à faire de son fils un *homme !* Pourquoi n'ai-je point trouvé en vous la même foi dans la puissance du père pour faire de sa fille une *femme* ? Ne serait-ce point parce que l'homme de nos jours ignore, parce que vous-même n'osez dire cette *destinée nouvelle de la femme* ? Ne serait-ce pas, à votre insu peut-être, parce que vous êtes entraîné à croire, par habitude chrétienne, qu'il faudra encore bien longtemps lui enseigner, par-dessus tout, la *résignation*, l'*obéissance* ? qu'il faudra encore et toujours lui dire : *La femme fut et sera la cause de la chute de l'homme ; elle doit être la servante de son seigneur, fidèle* QUAND MÊME, *obéissante* QUAND MÊME, *cloîtrée dans la famille* TOUJOURS ?

Voilà ce qu'en effet le prêtre chrétien enseigne à nos filles ; vous, vous montrez la femme, la mère, comme étant *la cause du* progrès *de l'enfance à la* virilité ; osez donc dire ce qu'elle sera comme amante, comme épouse, comme citoyenne de la cité humaine devenue cité de Dieu, cité pacifique.

Tant qu'une destinée nouvelle pour la femme ne sera pas généralement désirée, qui donc osera prétendre avoir plus de droit que le prêtre à la *direction* de sa vie ? N'est-il pas nourri de la vie biblique et évangélique de la femme ? ne lui donne-t-il pas, en lui-même, l'exemple de la *résignation* et de l'*obéissance*, mieux que tous les laïques du monde ? Cet homme ne s'est-il pas fait presque femme, tel qu'il rêve la femme ? La Vierge ne vaut-elle pas bien toutes les femmes chantées par les poëtes, toutes leurs muses et leurs héroïnes ?

Vous voulez arracher la femme au prêtre, parce que vous sentez bien que chaque jour, de plus en plus, il s'empare d'elle. Mais pourquoi donc va-t-elle à lui, si ce n'est parce que le rôle que lui font notre *société* et notre *famille* la fatigue, l'ennuie, la dégoûte, la désespère et la force à chercher dans l'église le repos, une douce distraction de charité, la mystérieuse satisfaction d'un cœur qui s'épanche, enfin une *espé-*

rance, une *certitude*, au delà de cette vie inutile et décolorée que l'homme lui a faite et lui *impose* encore, que le prêtre lui apprend à *supporter ?*

Franchement, que voulez-vous que la femme fasse, si elle ne va pas à l'église, quand l'homme est au parlement, ou à la bourse, ou à l'armée, ou avec sa maîtresse, mieux encore, avec des filles, au café et au cabaret? Au moins, le PRÊTRE, à l'autel et surtout au confessionnal, est avec *elle;* ils *communient,* ils sont en *société* pour l'œuvre la plus généreuse, la CHARITÉ envers les pauvres; pour l'œuvre la plus grande, *le salut de l'âme;* pour l'œuvre la plus douce, la *direction morale* des enfants; pour l'œuvre la plus sainte, le culte envers Dieu. Mais avec nous autres, est-ce qu'elles sont en *société?* Est-ce que ce qui s'appelle ainsi, la *société,* n'est pas, à vos yeux aussi, quelque chose de faux et d'ennuyeux pour l'homme, de puéril et souvent de dégoûtant pour la femme? Est-ce que la société n'est pas faite *spécialement* par les hommes SÉDUCTEURS, et pour les femmes SÉDUITES OU A SÉDUIRE?

En conclurons-nous que l'homme et la femme doivent fuir toute *société,* et se renfermer dans la *famille*, comme des patriarches, comme des chefs de clans et de tribus? Mais là encore, dans cette petite société qui a nom famille, qu'est-ce que cette *cuisinière*, cette *bonne*, ce *domestique*, que vous chassez s'ils font un enfant, que vous chassez s'ils sont vieux ou malades, que vous chassez s'ils ont un moment d'humeur? La tente de l'Arabe est une famille meilleure que la vôtre, même pour l'esclave; le *servage* du Russe est une paternité, en regard de votre domesticité. Vous fuyez le monde pour trouver chez vous un paradis, vous tombez en enfer; vous y tombez, si le prêtre ne vient encore prendre vos domestiques pour leur prêcher aussi *résignation*, *fidélité*, *obéissance*.

Oh! non! il ne s'agit pas seulement d'empêcher ces *cadavres* de Jésuites de renaître; la question est plus haute : il s'agit de régénérer, de recréer le sacerdoce humain tout entier; il s'agit d'une formule nouvelle de la VOLONTÉ DE DIEU montrant à l'humanité ses destinées de paix et d'association, de féconde fraternité. Le Christ, disait Saint-Simon, a enseigné aux hommes qu'ils étaient *frères*, il ne leur a pas appris dans quel *but* et *comment* ces frères devaient s'ASSOCIER. En effet, le christianisme a posé le principe *moral*, mais il n'a point dit le principe *politique* qui conviendrait à l'époque où ce principe *moral* serait dans les âmes, où le *Christ incarné dans l'homme* devrait enfin *vivre dans l'humanité*.

C'est de cet enseignement *politique* qu'il s'agit aujourd'hui ; *but* et *moyens*, voilà ce qu'il faut *découvrir* et *montrer* à la grande famille humaine. Le BUT de l'humanité, *sur la terre*, c'est l'association de plus en plus parfaite de ses membres, *entre eux* et avec le *monde*, qu'elle CULTIVE et qui la NOURRIT ; c'est l'*union* progressive de ses diverses FACULTÉS, *entre elles*, et avec les FORCES de la NATURE. Les MOYENS de réaliser cette éternelle volonté de Dieu, c'est de *savoir* afin de *pouvoir*, d'*agir* afin de *connaître*, mais c'est par-dessus tout de VOULOIR cette VOLONTÉ DE DIEU.

Que cette bonne nouvelle se répande, et alors les hommes qui nous disent que ce monde est un lieu d'exil et de larmes, séjour d'expiation douloureuse, et que la *vertu* consiste à se *détacher de la terre*, disparaîtront devant les nouveaux serviteurs de Dieu, qui nous enseigneront à nous *attacher à la terre*, à nous *unir* à elle, au point de faire d'elle un ÉDEN, un PARADIS, où l'humanité, sainte famille de frères, vivra heureuse par le *travail* et dans la *paix*.

L'humanité n'est point DÉCHUE, elle est PROGRESSIVE ; dans ces deux mots sont résumés l'esprit *chrétien* et l'esprit de l'*avenir ;* entre le *péché originel* et le *progrès originel,* le moment est venu de choisir ; sur l'une ou l'autre *croyance* il faut bâtir sa foi, c'est-à-dire rester chrétien et même catholique, ou bien embrasser un avenir qui change toute croyance religieuse, politique ou morale du passé, qui donne à l'humanité une *foi*, une *loi*, une *charité* nouvelles.

Encore une fois, c'est à ces mots, qui semblent usés et qui sont pourtant plus grands que les plus plus vastes cathédrales, plus puissants que tous les jésuites ou dominicains du siècle ; c'est à ces mots magiques qu'il faut revenir : TRINITÉ, PÉCHÉ ORIGINEL, c'est le DOGME qu'il faut battre en brèche, si l'on craint le *prêtre*, car c'est là qu'il puise sa force.

Eh bien, le prêtre a plus de courage que les philosophes, car déjà il les provoque hardiment sur ce terrain où personne n'ose encore l'aller combattre. Que dis-je ? les plus novateurs d'entre les philosophes, les fouriéristes, semblent tenir à prouver qu'ils partent des mêmes *prin-cipes* que le prêtre, et ils se condamnent ainsi à ne plus lutter avec lui que dans les champs stériles de la LOGIQUE, sans se douter que le christianisme tout entier est le plus prodigieux effort de la *logique humaine;* sans s'apercevoir qu'il suffit de *se tâter le cœur* pour sentir s'il est vrai que la *femme* ait fait DÉCHOIR l'*homme,* ou si, au contraire, elle ne l'a pas aidé à PROGRESSER sans cesse vers leur commune et pacifique destinée.

En ce moment même où la femme se retourne vers Dieu et le prêtre du passé, vous n'en doutez point, elle n'entraînera pas l'homme dans une déchéance, elle ne le fera pas RÉTROGRADER.

Eh bien, moi, j'ai la foi qu'elle le pousse ainsi vers son avenir, qu'elle le force ainsi à grandir, plus qu'elle ne l'a fait à toute autre époque; j'ai foi qu'elle contraint l'homme qui l'aime à *trouver le Dieu nouveau, le prêtre de l'avenir.*

Cette foi qui m'anime, votre livre la confirme; vous souffrez tant de voir la FEMME reprise à ces reliques du passé, que votre grande âme est *jalouse,* oui, *jalouse* de ces *rivaux* sur lesquels vous frappez avec colère. Ce sont des gens qui vous ravissent un bien dont ils vous paraissent indignes, un bien qui vous remplit le cœur, que vous voulez à votre tour leur reprendre, parce que vous sentez que vous en êtes digne.

Eh bien, pour reprendre la femme et ces enfants chéris, montrez-leur donc votre Dieu, criez-leur bien haut sa volonté ; luttez au moins contre ces prêtres avec armes égales ; ils disent leur Credo, proclamez le vôtre ; ne vous bornez point à faire le portrait peu flatté de vos adversaires, dites *qui vous êtes;* ne les *niez plus,* affirmez-vous.

Pardonnez-moi, mon cher monsieur, de vous parler ainsi, pour la première fois que j'ai le bonheur de m'adresser à vous ; mais je sens dans votre cœur tant de dévouement pour l'humanité, une si grande tendresse pour l'enfance, de si nobles et si touchantes adorations pour la puissance de la femme, de la mère, et tant d'amour pour ce qui est vraiment mâle, que j'ai voulu vous dire, en toute *liberté et franchise,* cette *passion* que moi aussi j'ai dans l'âme, qui me fait vivre, et qui me verra mourir pour revivre avec elle et par elle !

Vous écrire si longuement et ne presque rien

vous dire sur ce que j'aime et admire en vous,
n'est-ce pas toutefois clairement vous le faire
comprendre? n'est-ce pas vous exprimer aussi
combien je suis touché et je vous remercie de
ce que vous avez pensé à moi pour m'envoyer
votre livre? Plus je désire de vous, plus vous
devez sentir combien j'espère en vous. La place
que vous avez si laborieusement conquise dans
l'opinion des hommes, et surtout la haute influence que vous exercez sur le cœur et sur l'esprit de la génération nouvelle, vous donnent
dans la réalisation de l'avenir une part considérable ; j'ai donc hâte de vous voir travailler *directement* à la *création* de cet avenir, en *laissant
aux morts le soin d'enterrer les morts ;* car
c'est, selon moi, le plus sûr et le plus prompt
moyen d'empêcher qu'ils n'essayent de ressusciter.

Recevez encore, mon cher monsieur, mes
remercîments ; Arlès se joint à moi pour vous
assurer de notre bien entier et affectueux dévouement.

P. E.

CCCLIII^e LETTRE

A M. GUIZOT

MEMBRE DE L'INSTITUT

Lyon, 28 février 1845.

Monsieur, vous avez daigné me dire que sur
la question de l'enseignement (vous la nommiez
à juste titre la grande question du siècle) je
pourrais présenter quelques idées utiles ; vous
m'avez ainsi autorisé à vous prier de vouloir bien
jeter les yeux sur des lettres dont deux avaient
déjà été écrites au moment où vous m'adressiez
cette bienveillante parole.

A ce moment, vous me disiez encore que vous
comptiez vous abstenir, cette année comme la
précédente, de prendre part aux débats d'une
question qui n'est pas, ajoutiez-vous, de la taille
de celles qui se résolvent en une session parle-
mentaire ; et vous m'approuviez lorsque je vous
répondais qu'elle me paraissait aujourd'hui posée
sur un terrain bien stérile, et limitée entre des
termes bien misérables. J'espère donc que,

même en n'adoptant pas les nouveaux termes que je lui assigne, et en refusant de croire à la fécondité du terrain où je la porte, vous ne condamnerez pas les efforts que je tente auprès de deux des plus habiles professeurs de nos jours, pour les engager à sortir de l'ornière où le public et les principaux organes de la presse se plaisent à maintenir le plus puissant véhicule du progrès, l'enseignement.

Permettez-moi d'ajouter que si j'ai pris la liberté de soumettre dernièrement à M. le ministre des affaires étrangères un mémoire sur un sujet de politique actuelle (colonisation de l'Algérie), aujourd'hui ce n'est pas au ministre que je m'adresse, c'est à l'historien, au philosophe qui aime à se reposer des dégoûts de la politique du jour et de la France, dans l'étude et la contemplation de la politique éternelle, universelle.

Après une époque aussi fertile que la nôtre en DOCTRINES, je crois que le moment est venu où les philosophes doivent comprendre que ce mot est synonyme de DOGME, et qu'il est temps de poser le problème inverse de celui qui a été résolu par les philosophes de Nicée, c'est-à-dire de RESTITUER le *symbole philosophique*, là où le concile a TRADUIT sa philosophie en *langue vulgaire.*

Je crois que le moment est venu d'examiner si le grand saint Augustin a réellement CONCILIÉ les deux principes de vie, le double mystère qui enveloppe l'être *fini* dans *l'infini,* ou bien s'il a laissé encore régner la GUERRE là où son esprit cherchait pourtant la PAIX de la Cité de Dieu.

Je crois que le moment est venu de constater que ni Grégoire VII, ni Bossuet, n'ont pu donner au grand problème de la *division des pouvoirs* des solutions qui soient applicables à l'époque actuelle, et surtout à l'avenir, puisque Grégoire devait les *confondre,* en asservissant l'un à l'autre, et que Bossuet devait les *isoler,* de peur qu'ils ne se détruisissent violemment ou frauduleusement l'un par l'autre ; tandis que la destinée future du spirituel (c'est-à-dire de la *science*) est de s'ASSOCIER au temporel (c'est-à-dire à l'*industrie*), dans l'humanité pacifiée (c'est-à-dire quand le royaume de César *ne sera plus de ce monde*, et qu'au contraire le royaume de Dieu *sera de ce monde*).

Le Christ a dit : MAINTENANT mon royaume n'est *pas* de ce monde. Je crois que le moment

approche où César lui-même dira : Maintenant
mon royaume n'est *plus* de ce monde. Ce moment
suprême n'est-il pas déjà venu ? N'étiez-vous pas
naguère auprès du premier roi qui ait osé proclamer, à la face de *ce monde,* que la plus glorieuse guerre était une calamité ? Vous-même,
n'avez vous pas prononcé, au sein de cette
France si chevaleresque, si belliqueuse, une parole que nul n'aurait été assez brave pour répéter, et que votre prudente sagesse a su entourer,
depuis, de quelques ménagements à la mesure
du temps actuel ?

Sans rêver pour notre siècle le beau rêve de
l'abbé de Saint-Pierre, qui fut aussi le rêve
d'Henri IV et de Sully, que dis-je ? qui fut la
prétention du César moderne, n'est-il pas évident pour tous que les *Césars* de nos jours ne
sont plus ce qu'étaient les *Césars* du siècle de
Jésus, du siècle où toute société était constituée
pour la guerre et pour la conquête ? — Les peuples ne commencent-ils pas à savoir que le vrai,
le seul moyen de s'enrichir n'est plus de dépouiller son voisin, mais de travailler, de pro-
duire, de faire des échanges ? — Le fait TEMPOREL
n'est-il pas devenu surtout un fait INDUSTRIEL, au
lieu d'être par-dessus tout un *fait militaire* —

Est-ce parce qu'elle possède une flotte formidable que l'Angleterre couvre les mers de ses bâtiments de commerce et borde tous les continents de ses comptoirs? ou bien n'est-ce pas l'idée inverse qui est la vérité? — En un mot, dix-huit siècles de *pré*-dication de la fraternité humaine, *pré*-dication faite par une société pacifique au sein d'innombrables sociétés militaires, n'ont-ils pas converti César à la paix, et par conséquent n'ont-ils pas abattu la véritable et la seule barrière qui divisait les deux mondes en *sacré* et en *profane*?

Oui, l'Église et César devaient former deux mondes, deux mondes ennemis, quels que fussent leurs traités de paix et leurs trêves, tant que l'Église *pré-dirait : Pax Domini !* et que César *re-dirait :* Guerre ! Mais (que l'Église me le pardonne !) les rôles sont presque changés : l'esprit de paix se pose plutôt aujourd'hui sur le trône que sur l'autel. Après cet épouvantable chaos du dix-huitième siècle, où le monde fut de nouveau bouleversé, où les *ténèbres* semblaient encore une fois *couvrir la face de l'abîme*, l'esprit de Dieu ne flotte plus seulement sur les eaux, il s'avance et marche sur la *terre*.

Donc le moment est venu de réviser les interprétations dont les temps passés ont revêtu la vérité éternelle, en religion, en philosophie, en morale. Il est temps de donner au dualisme humain sa forme associante, religieuse. Nous l'avons déjà fait pour la politique, en prenant pour symbole de celle de la France l'union de ces deux principes que le passé croyait essentiellement ennemis, et que nous prétendons progressivement mieux respecter, mieux pratiquer : l'ORDRE et la LIBERTÉ.

Le moindre souffle de l'esprit de Dieu, un faible accès de la plus simple logique, n'inspirera-t-il pas à l'Église les deux mots qu'elle doit aussi inscrire sur l'autel ? Les philosophes eux-mêmes resteront-ils sourds à un semblable appel ; et la morale ne verra-t-elle pas de nos jours la fin de la guerre entre le *devoir* et l'*intérêt*, ces deux frères de l'ORDRE et de la LIBERTÉ ?

Organiser la société *en vue de la lutte* entre l'ordre et la liberté, c'est *restaurer* le passé ; l'organiser pour l'ASSOCIATION de ces deux principes (je ne dis pas seulement leur conciliation), c'est *édifier* l'avenir. — Elever un homme *en vue de la lutte* entre le devoir et l'intérêt, c'est *ressusciter* le vieux mort ; l'élever pour l'ASSO-

CIATION de ces deux principes de vie, c'est *engendrer* le nouveau-né.

De même, la philosophie n'enfantera que des *spiritualistes* ou *matérialistes ennemis*, tant qu'elle n'aura pas posé comme dogme, comme loi suprême de la foi, comme définition humaine de la vie, l'ASSOCIATION du moi et du non-moi, de la synthèse et de l'analyse, de la pensée et de la forme, du temps et de l'espace, de l'esprit et de la chair, enfin des deux *personnes* de l'infini, personnes *indéfinissables absolument* par l'homme, et pourtant *définies nécessairement* par lui.

L'éducation morale, philosophique, politique et religieuse de nos jours doit donc reposer sur de nouvelles bases, prendre sa source dans un nouveau dogme, ou mieux encore, dans une nouvelle interprétation du dogme trinaire renfermé dans cette simple parole, formule divine de l'union du moi et du non-moi, éternel symbole de la religion humaine :

Aimer DIEU *par-dessus toutes choses, et son* PROCHAIN *comme* SOI-MÊME.

Telle est la pensée qui a dicté les lettres que je soumets à votre haute intelligence, et que je recommande à votre âme courageuse. J'ose croire

que vous trouverez dans ces lettres une confirmation de l'estime que vous avez bien voulu me
témoigner. Vous verrez, je l'espère, dans la
communication que je prends la liberté de vous
faire, une nouvelle preuve de la respectueuse
confiance et du profond dévouement de

Votre très-humble et très-obéissant serviteur.

.P. E.

AVERTISSEMENT DES ÉDITEURS

De 1845 à 1864, époque de sa mort, Enfantin continua
d'exprimer, sous forme de lettre, soit confidentiellement à
ses amis, soit publiquement à des personnages plus ou
moins célèbres, ses appréciations souvent prophétiques sur
les questions politiques ou industrielles, philosophiques ou
religieuses, pendantes en ce siècle, et dont la solution gra-
duelle lui paraissait importer à la fois aux générations con-
temporaines et à l'avenir social du monde civilisé.

Toutes celles de ces lettres qui étaient particulièrement
intéressantes à l'un de ces points de vue et dont la publica-
tion était conforme aux dernières volontés d'Enfantin, ont
été insérées dans les *Notices historiques,* où les lecteurs les
retrouveront aisément en consultant la *Table générale des
matières* par ordre chronologique, placée à la fin du volume
qui termine ces Notices, et qui est le treizième de la collection
générale.

Voici maintenant quelques lettres inédites, dont les plus
anciennes remontent à l'année 1851, et le plus grand nombre
à 1860. La dernière fut écrite en avril 1864, en réponse à
une attaque violente de Proudhon.

CCCLIII^e LETTRE

—

A ARLÈS
(Après l'incendie de sa maison)

Paris, 25 avril 1851.

Mon cher ami , il faut que vous soyez bien exigeant à l'égard de vous-même pour considérer le miracle de la nuit du 31 comme une leçon pour l'avenir plutôt que comme une récompense de votre passé. C'est plus fort que Job; vous ne voulez pas vous borner à dire : « Je suis sorti nu du ventre de ma mère et j'y retournerai nu. Le Seigneur m'avait tout donné, le Seigneur m'a tout ôté; il n'est arrivé que ce qu'il lui a plu; *que le nom du Seigneur soit béni !* »

L'Écriture dit encore que le Seigneur bénit Job dans son dernier état encore plus que dans le premier, qu'il eut quatorze mille brebis , six cents chameaux, mille paires de bœufs, mille ânesses, sept fils et trois filles plus belles que les plus belles filles du monde, qu'il vécut après cela cent quarante ans, vit sa quatrième génération et mourut fort âgé et plein de jours.

Vous prétendez donc avoir plus que tout cela, cher ami; c'est bien ambitieux, mais cela ne m'étonne pas de votre part. Laissez-moi pourtant vous dire de vous défier un peu de cette ambitieuse bonté de votre cœur, dans ce moment d'exaltation si naturelle, si légitime que vous a fait éprouver l'événement du 30 au 31 mars.

Je ne crois pas que Dieu soit aussi exigeant que vous le supposez à votre égard, et j'ose dire à notre égard; j'ai foi que parmi toutes les vies d'homme qu'il anime, les nôtres sont les plus pleines de sa volonté de progrès pour toutes les autres, les plus ardemment désireuses de communiquer à toutes les autres la foi dans cette volonté divine de progrès de l'homme vers Dieu lui-même.

L'époque où nous sommes est tellement grosse d'événements immenses, la déroute du passé est si complète, et l'avenir que nous avons évoqué au nom de Dieu est si proche, que nous devons nous garantir de toute fiévreuse impatience. Loin de nous découvrir notre rôle avant son jour, l'impatience nous le voilerait lorsqu'il viendra réellement, et je vous assure que nous serions plutôt blâmables de le prendre trop tôt que trop tard; ce serait trop peu compter sur les instruments *autres que nous*, suscités par la Providence dans de pareils moments. Calmez donc un peu ces émotions que vous donnent les misères actuelles qui sont elles-mêmes, *pour d'autres que vous*, un aiguillon de Dieu; cherchez davantage peut-être que vous ne l'avez fait jusqu'ici à jouir des prodigieux germes de progrès répandus aujourd'hui dans le monde, à la création desquels nous avons concouru plus puissamment que nous ne l'espérions *nous-mêmes*, et qui se sont propagés avec une rapidité et par des moyens et des personnes que nous n'avions ni inventés, ni devinés, ni trouvés, si nous les avions cherchés directement *nous-mêmes*.

En vérité le monde va divinement, cher ami; Dieu ne saurait demander à votre cœur plus de cœur, à votre vieille ardeur une ardeur nouvelle et plus grande. Restez ce que vous êtes sous ce rapport surtout, et si vous changez quelque chose à votre vie, que ce soit plutôt dans le sens de cette grande vertu sacerdotale que nous avons surtout mission d'enseigner au monde :

Le calme.

Bien à vous. P. E.

CCCLIVᵉ LETTRE

A ARLÈS

Paris, 29 avril 1851.

En effet, cher ami, voici la monomanie, comme vous dites, qui recommence. Je comprends que vous soyez saisi d'un sentiment de tristesse, quand vous songez que j'ai cinquante-cinq ans et vous bientôt autant; il faut pourtant en prendre votre parti et vous consoler en songeant que ce malheur n'arrive pas à tout le monde; beaucoup partent avant. Cette réflexion est plus sage que tous les efforts que vous feriez pour déterminer chez moi, et même chez vous, des actes, une conduite, un langage de jeune homme. Vous parlez de la tragédie qui se prépare, mais rappelez-vous donc qu'il y a trois ans seulement un drame s'est joué, dont les acteurs principaux ont été ces hommes que déjà vous considériez comme bons à rien depuis longtemps. Ce sera bien pis, je vous assure, cette fois, et dans le cas où nous aurions une tragédie, car si elle avait lieu, je serais disposé à croire que nous ne tarderions pas à y voir jouer un rôle à Guizot et même à Villèle.

Je ne crois pas à votre tragédie, je n'en veux pas ; je l'ai déjà dit depuis longtemps et je le maintiens, je serais parmi ses victimes et non parmi ses bourreaux. Faites donc votre deuil de moi s'il y a tragédie, ou de votre tragédie si ma destinée est, comme je l'espère toujours, moi père, moi vieux, moi sénateur du vieux monde, de bénir et de faire bénir par des sénateurs tels que vous le monde nouveau.

Est-ce que bonnement vous croyez que le baptême du nouveau-né puisse avoir lieu sans que l'extrême-*onction*, et non pas le coup de guillotine, soit donnée au moribond ?

Je ne m'inquiète pas beaucoup aujourd'hui de la génération qui arrive, je suis certain de l'avoir vigoureusement fécondée autrefois ; mais je tiens fortement à ce que celle qui s'en va, et dont vous et moi faisons partie, s'en aille le plus convenablement possible, après avoir fait sa paix avec Dieu qu'elle a si hautement blasphémé, et avec le peuple qu'elle a si salement exploité.

Puisque vous voulez que Delaroche ou Vernet nous fassent passer à la postérité, c'est que vous ne lisez pas Rocherie ou bien c'est que vous êtes du goût des vieillards, en peinture. Moi je trouve bien Rocherie un peu jeune, toutefois je suis parfaitement convaincu que Delaroche et Vernet feraient de nous deux de parfaits bourgeois, parfaits administrateurs de compagnies d'agiotage. Je suis bien sûr que Lacroix et Courbet nous feraient affreux ; mais si l'un ou l'autre peignait l'incendie de Lyon, peut-être bien nous feraient-ils sortir de là avec la flamme du Dieu du peuple dans l'œil, dans le geste, sur la tête. Vous appelez Vernet grand peintre ; Rocherie dirait que mieux vaudrait appeler Marie un grand homme d'État et Scribe un nouveau Molière. Je suis moins exclusif que vous et lui ; mais puisque nous aimons tous deux Delaroche et Vernet et Scribe, permettez-moi donc d'*utiliser* un peu Marie, Carnot et en général les hommes *honnêtes,* connus pour tels, parmi ceux qui ont introduit la république en France. Cela n'est vraiment pas si bête et si maladroit que vous paraissez le croire. Le crédit est resté assez isolé, assez retiré, assez Enfantin, pour que nous y ayons puisé le besoin de nous mettre en société avec quelques-uns, si nous ne voulons pas encore une fois rester seuls. Girardin soutient qu'il n'y a que légitimistes et socialistes, c'est-à-dire des *terrifiés* et des *terroristes;* les premiers ne voudraient certainement pas de moi, et moi je ne veux pas des seconds. Or, je suis certain qu'avant peu on ne comptera pas plus de terrifiés et de terroristes qu'on ne voyait sous l'Empire d'émigrés et de sans-culottes. Il faudra bien pour cela que la race des non peureux et des non terribles se soit accrue; il faut donc que, dès aujourd'hui, le germe en existe. Ce germe est en nous; il se répand par le *Siècle*, par le *Pays*, par la *République,* et même par le *National*, et même par la *Presse*, et même quelquefois par les *Débats*, quand Michel y écrit.

Vous qui n'êtes entouré que de lecteurs du *Constitutionnel* ou d'ouvriers qui souffrent, vous croyez à la tragédie, c'est tout simple; entre des brutes peureuses et des brutes colères, il ne peut y avoir qu'un fait brutal; mais vraiment la France n'est pas réduite à cette situation misérable, et grâce à Dieu ce n'est pas le *nombre* qui conduit seul la race humaine, c'est aussi la *qualité*. Il ne faut pas des millions d'hommes honnêtes, éclairés, courageux pour faire cesser la peur, la colère, la tragédie des brutes, quand même il y en aurait trente-quatre millions sur trente-cinq en France. Voyez d'abord toutes les brutes peureuses, elles croient qu'un homme y suffirait, Henri V, Joinville ou Napoléon; et quant aux brutes colères, ne savez-vous pas qu'il faut toujours à celles-là, le jour de leur triomphe, un dictateur qui les mène à l'abattoir: Robespierre ou Napoléon?

Parmi tous les journaux, il n'en est pas un seul qui ne redoute votre tragédie et qui n'agisse pour l'empêcher; plusieurs, presque tous, se trompent dans les moyens qu'ils proposent pour l'éviter, mais aucun ne veut pêcher dans cette eau trouble, dans le sang. — La tragédie n'aura pas lieu.

Tant que vous ne serez pas convaincu de cela vous ne comprendrez pas, en effet, la *Revue,* et vous ne rendrez pas même justice aux efforts *fructueux* du *crédit* pour obtenir ce résultat, la solution pacifique, c'est-à-dire le maintien de la République et de la Constitution pour et par l'amélioration du sort moral, intellectuel et matériel, des masses humaines vouées au travail et à la misère.

A vous.

P. E.

CCCLVᵉ LETTRE

A ARLÈS

Paris, 4 janvier 1860,

Cher ami, nous voici donc au centième anniversaire de la naissance de Saint-Simon. La papauté, comme dit Vinçard, y reçoit un croc-en-jambe d'un malin qui n'est pas ingambe. Le fait est que le moment est grave, comme je l'écris à Carette, depuis que Mahomet est entré dans le concert Musard européen, et que Bouddha et Confucius frappent à la même porte ; l'Église a beau chanter : Je ne saurais danser, ma pantoufle est trop étroite, et crier encore : *Non possumus !*

La Vierge immaculée est emportée dans le tourbillon du cancan universel, avec le petit Mortara.

Cela fait image, n'est-ce pas? Martin doit être content, et Bellecour bien triste.

Et vous, vieux critique de Rome, est-ce que cela ne vous déride pas un peu? Est-ce que

vous ne voyez pas là une circonstance atté-
nuante de la guerre? «

Moi j'absous des deux mains, comme le juré
pour Giblain.

En attendant que nous ayons organisé et mo-
ralisé la bourse et les trônes, soyons indulgents,
même pour les voleurs et les tueurs patentés,
comme pour les filles publiques également pa-
tentées. Et soyons plus qu'indulgents quand
leurs pourritures servent de fumier pour les
grandes semences que Saint-Simon a jetées sur
la terre.

A vous, cher vieux.

P. E.

CCCLVI^e LETTRE

A ARLÈS

Paris, 15 janvier 1860.

Cher ami, le *Moniteur* de ce matin vous an-
noncera que la lutte est rondement engagée avec

Rome. Le Pape a fait la faute que j'attendais ; il a parlé de la brochure dans des termes qui ne lui seront plus pardonnés.

Ceci est la clôture de la phase des grosses affaires de bourse, mais c'est le rappel forcé de la France à la vie politique et même philosophique et religieuse. Guéroult a eu bon nez de se faire un journal.

Je suis enchanté que vous vous trouviez l'esprit un peu dégagé ou au moins allégé d'affaires commerciales dans un pareil moment, au moins d'affaires commerciales pratiques et personnelles, car je crois que le moment de réalisation d'idées générales de politique commerciale et industrielle approche.

L'entente forcée avec l'Angleterre sera favorable à l'abaissement des droits, à l'unité de mesures, au principe de respect de la propriété particulière, même pendant la guerre, à Suez, et peut-être même à la neutralité des détroits. Mais bien certainement ceci est pour la France une situation analogue à celle de l'Angleterre sous Henri VIII.

Si je ne craignais pas de faire trop galoper la tête de notre bon pasteur, je lui dirais que voici le moment de l'alliance chrétienne, à la condition de lui faire prendre une couleur très-franche d'appui du gouvernement actuel dans sa politique d'amélioration du sort du peuple, et, en un mot, d'*extinction du paupérisme*.

C'est là où l'empereur est nécessairement conduit par sa lutte avec Rome et par l'article du *Constitutionnel* sur les établissements de charité. J'espère maintenant que nous avons brûlé l'étape de bataille avec l'Angleterre ; le Pape a pris la place, et c'est un morceau dur à digérer. Je me sens moi-même tout ravigoté par sa lettre du jour de l'an.

A vous,

P. E.

— — —

CCCLVII° LETTRE

—

A ARLÈS

Paris, 16 janvier 1860.

Eh bien, cher ami, j'espère que nous allons rondement, du moins en paroles, dans la grande voie. Je crains pourtant que cela ne fasse un peu trop peur aux *Mimerel*, puisque cela me fait tant plaisir, et que plusieurs de ces bonnes paroles ne se gèlent en l'air. Pourvu que cela réussisse aussi bien que le grand programme de la campagne d'Italie, et que Mimerel en sorte comme l'empereur d'Autriche, le pape et les ducs, je m'en trouverai satisfait pour 1860, centième anniversaire de la naissance de Saint-Simon.

Le fait est qu'il se sera fait de bien grandes choses dans le premier siècle de l'ère nouvelle, et qu'en le comparant au premier siècle du christianisme il n'y a pas d'affront pour le nôtre.

Les *Débats* vont être furieusement embarrassés, parce que presque toute leur coterie qui était autrichienne pour la guerre d'Italie et qui est papiste avec Villemain pour l'affaire de Rome, va être protectionniste, malgré Michel et Baudrillart, pour cette phase anglo-française.

Adieu, cher ami, et à bientôt.

P. E.

CCCLVIIIᵉ LETTRE

—

A ARLÈS

Paris, 20 janvier 1860.

Cher ami, Barrault m'écrit que les N. ont travaillé beaucoup à la fameuse résolution signalée par la lettre à Fould.

D'un autre côté, je viens de voir une lettre de Rouher *du 10 courant,* à un monsieur qui le consultait, lui demandant, avant de faire un grand marché de fer, s'il était vrai, comme on le disait, que le gouvernement préparait une réduction sur les droits. Le ministre répond (le 10 et la lettre à Fould est datée du 5), que ce bruit est faux et que le gouvernement ne prépare rien de semblable.

C'est pis que Walewski, pis que Montebello ; non-seulement ces gaillards ne sont prévenus de rien, mais ils ne devinent rien.

Nos B., nos M., nos D. sont furieux ; Bartholony est très-ferme dans son approbation, R. est très-triste, Siméon et Parent sont assez solides , de sorte que nos conseils se passent en discussions des plus comiques. Parent me disait : J'ai toujours acheté quand M. Dumon prévoyait des malheurs , et j'ai toujours gagné.

A vous, cher ami; j'embrasse toute la famille.

P. E.

CCCLIXᵉ LETTRE

A ARLÈS

Paris, 26 janvier 1860.

Cher ami , les affaires générales marchent bien , à travers les oppositions cléricales et mi-merélistes; et même devant la froideur du dis-cours de la reine et des cours des boursicoteurs. Le char est lancé sur les deux rails, spirituel et temporel.

Le rapport de Magne est également à la glace et gêné. La décoration donnée à Rouher est-elle un prélude de renvoi? Le voyage de Fould aux Pyrénées en serait-il un autre? Je ne sais, mais je serais bien surpris si l'empereur marchait dans la phase nouvelle avec des hommes anciens. Maintenant que le mot est lâché, peut-être le temps de Michel est-il enfin arrivé; peut-être lui-même, Michel, comprend-il tout ce que veut et peut faire l'empereur. Je dis peut-être, parce que je crois que malheureusement il n'en est pas encore là et que l'empereur n'est pour lui qu'un Louis-Philippe avancé, plus fort que son prédécesseur en toutes choses, mais plus faible que M. Michel, en économie politique et en idées sociales et religieuses; ce qui pourrait bien être une erreur et, dans tous les cas, serait un obstacle à son rôle de Sully et de Colbert.

Les *Débats* sont bien amusants, mais Michel doit leur faire faire encore une drôle de culbute, en s'entendant d'ailleurs avec P., s'ils veulent arriver réellement à un grand rôle politique.

Adieu, cher ami, et à revoir bientôt.

P. E.

CCCLX^e LETTRE

A ARLÈS

Paris, 27 janvier 1860.

Duveyrier m'annonce votre départ avec Cobden. Vous avez bien raison sous tous les rapports. Voici évidemment les deux grands praticiens du moment ; il vaut mieux que vous veniez à l'autre après avoir touché celui-ci.

Ruminez ma lettre d'hier, elle me paraît tomber juste pour la circonstance.

Ce n'est plus le moment de faire fi du pouvoir politique pour accomplir de grandes choses. On a pu rester en dehors ou à côté, maintenant on peut et même on doit être dedans.

Tant que cela ne sera pas, il y aura toujours en Angleterre *Wighs* et *Torys*, et en France des *libéraux* et des *voltigeurs*.

Tous les partis sont finis et n'ont plus de base pratique (1).

1. Tout cela était incontestable ; seulement, l'agonie des

Il faut que l'évolution sociale dont le monde est gros, soit consacrée politiquement par l'avénement des hommes qui, comme l'empereur (1), en sont les puissants instruments. Il s'y est mis, il faut que les autres s'y fassent mettre.

Adieu, cher ami, bon voyage!

P. E.

CCCLXI^e LETTRE

A ARLÈS

Paris, 30 janvier 1860.

Cela marche ferme et la bourse a peur. Le *Pays* partis pouvait se prolonger beaucoup plus qu'Enfantin ne le supposait peut-être.

1. Enfantin comptait sur l'attitude que l'empereur avait prise à l'égard de Rome, dans la délivrance de l'Italie, pour espérer son puissant concours dans l'accomplissement de l'évolution sociale, annoncée par l'*Extinction du paupérisme*. Il aurait cru faire injure au libérateur de la péninsule en admettant que le vainqueur de Solférino pût jamais faire verser le sang italien par des soldats français et s'enivrer des miracles de Mentana, qui devaient le conduire aux désastres de Sedan.

se fâche et l'*Univers* est enfoncé. J'ai appris avec plaisir, chez Chasseloup, que la lettre à Fould remontait au 6 octobre et précédait les négociations pour le traité de commerce. Ces négociations n'auraient pris corps qu'après le rejet par le conseil d'État du projet de loi relatif à des réductions du tarif des douanes et suppression des prohibitions. On dit à Paris que Cobden a abordé l'empereur en lui disant : J'ai trente voix au Parlement qui suffisent pour soutenir ou renverser le ministère Palmerston. Je viens savoir ce que vous voulez que j'en fasse.

L'encyclique est aussi bête que l'allocution au général de Goyon ; aussi le *Constitutionnel* imprime-t-il de suite sans passer par le *Moniteur*.

Aujourd'hui j'ai à la maison Duveyrier, Lambert, Guéroult, Laurent, Yvan, L'habitant. Vous voyez qu'on dira au besoin quelques calembourgs.

La lettre au prince et sa réponse sont très-bonnes. Votre projet de lettre à l'empereur, après communion intime et complète avec Cobden, est une bonne pensée ; mais c'est délicat.

Je compte toujours lui faire arriver convenablement l'idée des chemins de fer, et par qui ? par

Haussmann, dès qu'il aura fini notre affaire des eaux.

On va voir que la réduction des tarifs de transports n'est pas possible avec la constitution actuelle de Compagnies *concessionnaires* ; le moment est donc bon pour parler de Compagnies *fermières*.

C'est David, notre directeur, qui insinuera cela à Haussmann.

A vous, cher ami.

P. E.

CCCLXII^E LETTRE

A ARLÈS

1er février 1860.

Cher ami, vous avez besoin de voir le prince, Michel et bien d'autres ; de flairer l'air de Paris, d'écouter les Pereire, Rothschild, Morny, d'avoir vécu avec Cobden et peut-être avec les Cowley ou Cavour ou même Rouher et Haussmann et surtout de connaître ce qu'on se propose de faire immédiatement dans les deux directions indiquées : affaires d'Italie, affaires commerciales.

Je crois qu'on va passer par une émotion de quelque durée où l'on fera nécessairement des bêtises et des roueries de tous les côtés. On aura donc peur des hommes francs comme vous, qui, sans être indiscrets, *démasquent trop les batteries*. D'un autre côté, on emploiera des mesures de sévérité (exemple l'*Univers* et le *Correspondant*) qui ne vont pas à votre nature. Enfin le grand praticien de 1860 n'a cette qualité que parce qu'il n'a aucun scrupule pour employer alternativement ou même simultanément des armes du passé (qui vous faisaient crier contre lui lors de la guerre d'Italie) et des instruments d'avenir. En supposant qu'un homme comme vous fût jugé bon comme instrument temporaire, il est évident qu'on le jetterait avant peu au linge sale pour prendre nouvelle chemise; vous n'êtes pas de sac et de corde comme les N* N**.

Ah! si l'on faisait maison nette, je parlerais peut-être autrement; je ne crois pas que nous en soyons là, ou du moins faut-il vous informer si on en est près.

Songez que je ne parierais pas qu'aussitôt après la conclusion de l'affaire d'Italie, nous n'aurons pas maille à partir avec l'Angleterre elle-même.

Cet homme-là est destiné à régner sur le monde comme le Niagara, de cascade en cascade, car il a des montagnes à percer et à franchir.

Albion en est une, il la perce et *l'affranchira* de son aristocratie qui n'est pas encore noyée, parce qu'elle a pied sur le sol héréditaire.

Assez pour aujourd'hui.

A vous.

P. E.

<div align="center">~~~~~~~~</div>

A SA MAJESTÉ L'EMPEREUR

Sire, permettez-moi de soumettre à Votre Majesté la note ci-jointe. Je serais bien heureux si l'empereur la jugeait assez importante pour daigner m'autoriser à l'en entretenir de vive voix.

Je suis, avec le plus profond respect,

Sire,

de Votre Majesté,

le très-dévoué serviteur.

NOTE

Une réduction considérable sur le prix des transports de marchandises par chemins de fer serait la mesure la plus favorable au développement de la richesse publique, au bien-être des classes laborieuses, à la concurrence de l'industrie nationale contre l'industrie étrangère, et par conséquent à la sécurité politique et à la stabilité du gouvernement. L'abaissement des prix des matières premières, sur nos marchés et dans nos usines, ferait tomber les objections intéressées, exagérées ou même légitimes, qui résistent à la réduction du tarif des douanes, projetée par le gouvernement et désirée par l'immense majorité de la nation.

Mais la constitution actuelle des compagnies de chemins de fer s'oppose absolument à une réduction notable des tarifs de transport. Elles n'y consentiraient certainement que si le gouvernement leur garantissait les pertes qui pourraient en résulter et les dédommageait même des espérances d'accroissement de produits qu'elles fondent sur leurs tarifs actuels.

Une pareille intervention de l'État avec de telles garanties est impossible. Le rachat des chemins de fer par l'État permettrait, sans doute, d'opérer cette réduction féconde ; mais le rachat forcé serait une violation du droit.

Une transaction entre l'État et les Compagnies n'est-elle pas possible ? Ne peut-on pas non-seulement atteindre le but proposé, c'est-à-dire la réduction des prix de transport des marchandises, mais restituer à l'État la propriété de ces grandes voies publiques, sans lui donner toutefois la charge de leur exploitation ?

Tous ces résultats pourraient, en effet, être atteints par une transaction qui consisterait dans la transformation des Compagnies, qui sont aujourd'hui en quelque sorte *propriétaires*, par emphytéose, en compagnies *fermières* de l'exploitation des chemins.

Cette transformation peut s'effectuer sans changer en aucune façon l'organisation intérieure des Compagnies, sans toucher à leur personnel d'administration, d'entretien et d'exploitation, mais en leur enlevant la construction des chemins nouveaux pour la restituer, ainsi que la propriété de toutes les voies publiques, à l'État.

Ce partage d'attributions entre l'État et les

Compagnies est précisément la solution dictée par la science économique et à laquelle aspire l'opinion publique, qui repousse également l'*aliénation* mais aussi l'*exploitation* des chemins de fer par l'État.

Les bases financières de cette transformation seraient les suivantes :

1ᵈ Toutes les obligations émises par les Compagnies seraient échangées contre des rentes sur l'État, intérêt pour intérêt, l'État bénéficiant de l'amortissement.

2° Les actions seraient également converties en rentes sur l'État, d'après cette base : rente proportionnée au dernier dividende, de manière à partager, entre l'État et les actionnaires, le bénéfice résultant de la différence en capital entre les placements en rentes et les placements en actions de chemins de fer.

3° Création d'actions de jouissance de la Compagnie fermière substituées aux actions de la Compagnie actuelle. Le prix du fermage à payer par chaque Compagnie fermière serait fixé de la manière suivante :

1° A forfait et pour la durée du bail, la Compagnie payerait à l'État un fermage égal au revenu net du dernier exercice précédant le contrat, déduction faite de la perte qu'aurait fait éprouver à la Compagnie, sur ce dernier exercice, la réduction des tarifs de marchandises que l'État voudrait réaliser dans les nouveaux cahiers des charges.

2° Tous les excédants de produits nets, obtenus à l'avenir par les Compagnies fermières, seraient partagés par moitié entre elles et l'État.

Dans aucun cas, les Compagnies ne seraient passibles de pertes si leur revenu net était inférieur à leur fermage ; l'État supporterait ce déficit, mais il aurait alors le droit, au bout de trois années de perte, de résilier le bail, d'entrer en possession de l'exploitation du chemin ou de passer un nouveau bail avec la même ou avec toute autre Compagnie.

Les réserves actuelles et le fonds d'amortissement d'actions et obligations des Compagnies leur seraient laissés comme fonds de roulement, restituable à l'État à la fin du bail.

3° L'État reprenant aux Compagnies actuelles tous les chemins en construction, liquidation serait faite immédiatement des comptes spéciaux de ces chemins, et l'État se substituerait aux compagnies dans tous les traités et marchés passés par elles pour la construction.

Par suite de cette transformation du régime actuel des chemins de fer, l'État serait propriétaire de toutes ces voies publiques en construction ou en exploitation, mais il n'aurait aucune charge d'exploitation commerciale. De leur côté, au contraire, les Compagnies auraient toutes les charges et responsabilités de l'exploitation, de l'entretien de la voie et du matériel, sous condition de restitution du tout, à fin de bail, suivant inventaire actuel.

En résumé, les avantages financiers que l'État retirerait de cette transformation des Compagnies concessionnaires des chemins de fer découlent de trois sources distinctes, savoir :

1° Le bénéfice éventuel résultant du partage par moitié, avec les Compagnies fermières, de tous les accroissements de produits nets provenant de l'augmentation certaine du trafic sur toutes les lignes de chemins de fer.

2° Le bénéfice résultant de la conversion des actions actuelles (représentant, au cours actuel, près de deux milliards et demi), en rentes sur l'État, bénéfice qui peut être évalué, sans exagération, à une rente annuelle de 1 0/0 de la valeur actuelle des actions, soit 25 millions de francs.

3° L'absorption au profit de l'État des sommes

destinées par les Compagnies pour l'amortissement annuel de leurs actions et obligations, c'est-
à-dire d'un capital d'environ cinq milliards.

C'est principalement sur ce dernier et colossal
résultat que doit se porter l'attention du gouvernement. En effet, ce prélèvement annuel opéré
sur les produits bruts des chemins de fer, suffi-
ront pour éteindre en 99 ans les 5/7 de la dette
publique, s'il était appliqué à l'amortissement de
cette dette, qui s'élève à 7 milliards.

Cette simple observation répond d'avance à
l'objection qui pourrait s'élever contre le projet
et qui reposerait sur la crainte de voir les rentes
de l'État dépréciées par suite de l'émission de
rentes nouvelles.

On doit remarquer, d'ailleurs, que, d'une part,
ces rentes nouvelles ont leur service assuré, au
moyen du fermage des Compagnies et sans avoir
recours à l'impôt, et que d'une autre part l'amortissement de cinq milliards de la dette se trou-
verait également assuré par l'amortissement des
Compagnies, et sans la moindre charge pour les
contribuables.

Jamais le crédit de l'État ne se serait donc
trouvé dans une situation meilleure, car le Grand
Livre, qui serait chargé alors de douze milliards,

ne présenterait en réalité que deux milliards, sans conversion assurée, tandis qu'il est débiteur actuellement de 7 milliards.

En un mot, par cette grande opération financière, les chemins de fer rachèteraient presque toute la dette actuelle de l'État.

Quant aux capitaux engagés dans les chemins de fer, les avantages résultant pour eux de ce projet peuvent se résumer ainsi :

L'industrie des chemins de fer n'attire plus les capitaux par les chances aléatoires qui furent autrefois leur attrait. Au contraire, une vague inquiétude pèse sur les actions et même sur les obligations, quoique celles-ci soient garanties par l'État. De là le taux élevé des placements en obligations et surtout en actions.

On peut dire que l'industrie des chemins de fer est arrivée à une époque où elle demande à être liquidée ou pour mieux dire consolidée.

C'est ce que le projet réalise. Mais si l'esprit de spéculation tend à s'éloigner de l'industrie des chemins de fer, maintenant que la plus grande partie de l'œuvre est accomplie, il importe de lui faciliter cette retraite, afin qu'il se jette, avec une nouvelle ardeur, dans d'autres voies qui ont été relativement négligées pendant la période où il a été absorbé par l'établissement des chemins de fer. Il importe qu'il se dirige surtout vers l'agriculture, la marine, le commerce et les manufactures.

Le projet proposé rentre donc, sous ce rapport, dans les instructions manifestées par le programme de l'empereur.

En réalité, les porteurs d'actions et d'obligations de chemins de fer ne demandent pas mieux que de liquider leur position et de se sentir libres de porter ailleurs leurs capitaux, leur activité, leur intelligence; ils sont saturés de chemins, ils n'y espèrent plus rien et ils y craignent tout.

CCCLXIII^e LETTRE

A ARLÈS

Paris, 21 mai 1860.

Cher ami, T... me dit qu'ici les Anglais abondent, lesquels ne parlent pas le français et ne savent à qui s'adresser; il croit Cobden et

Michel peu capables de les piloter, et leur laissant perdre des forces utiles.

Au reste, T... pourrait bien se tromper, car
il attend et espère toujours la reprise des affaires,
ce qui me paraît toujours une très-grosse erreur,
du moins pour ce qu'on appelle depuis vingt ans
les affaires ; lesquelles affaires étaient ignorées
autrefois de tous les hommes d'affaires qui,
pourtant, ne se croisaient pas les bras.

J'avoue que je ne saurais pleurer si les affaires où les N*** N*** ont gagné tant d'argent
subissaient un chômage de quelque temps.

J'aime assez Garibaldi qui n'aide pas beaucoup
la fameuse reprise des affaires, mais qui n'en fait
pas moins une très-grosse affaire.

Il y a, dit-on, tant d'autres grosses affaires
du même genre qui roulent dans la tête de notre
seigneur et maître, que cela éclipse les chemins
portugais et celui de Pampelune, et même les
Lombards.

Adieu, cher pacifique ; nous en verrons encore
de rudes ! Le xviiie siècle n'était qu'un moutard.

P. E.

CCCLXIV^e LETTRE

A ARLÈS

26 juillet 1860.

Cher ami, la lettre est très-bien; il me semble que vous êtes assez lié avec Rouher pour lui en dire autant, et que vous devriez profiter de son intérimat.

Le pape et le sultan sont dans de beaux draps! voilà musulmans et chrétiens qui se mangent sans que les deux curés puissent s'en mêler. Et pourtant l'islamisme n'est pas plus mort que le christianisme; ce sont le turc et le catholique qui meurent; l'arabe et le protestant sont encore debout. Je crois toujours à Abd-el-Kader et même au gallicanisme, et à leur entente.

Tout ça pourrit et mûrit; pourrit le passé et mûrit l'avenir, au moins autant que le ferait une paix dorée et plate à la Louis-Philippe. Lord Cowley confessait hier à Cobden qu'il croyait que le turc était décidément fini.

Le *Texas* chante le même air. — Je crois que l'empereur de Russie fait la basse de cet air-là, nos ténors rayés vont commencer.

Il me semble que cela va calmer les craintes prussiennes et anglaises du Rhin et de la descente.

Je ne partirai que vers le 10 août; d'ici-là, je pense que nous apprendrons la fugue du roi de Naples. Ce diable de Garibaldi m'émerveille de plus en plus. Barrault a fait là un fameux élève; il nous a raconté dimanche son voyage de trois semaines avec ce *bandit* dont il avait conservé très-doux souvenir.

A vous, vieux; embrassez femme et enfants pour moi.

P. É.

CCCLXV^e LETTRE

A ARLÈS

24 septembre 1860.

Cher ami, je doute que l'empereur s'inquiète beaucoup en ce moment du traité de commerce avec la Prusse, Cobden lui-même trouve que par le traité anglais nous faisons en un an ce que l'Angleterre a mis dix-huit ans à faire ; c'est un gros morceau à avaler. En tout cas, l'empereur s'arrête à Villafranca et laisse à d'autres la peine d'achever, et il a bien raison ; il faut que chacun prenne sa part et se compromette ; il a fait de même en Crimée. Je crois qu'il est bien tranquille sur la conférence de Varsovie, où l'empereur d'Autriche ne saurait être qu'enfoncé par le prince-régent, sans qu'il soit besoin que la France fasse des menaces à celui-ci. Il n'a qu'à les laisser couler dans leur pente.

Je ne sais si Guéroult vous a vu, en revenant de Turin ; il a été très-content et frappé de Cavour. — Il croit au départ du pape et à la réconciliation de Cavour et de Garibaldi à Rome, le tout d'accord avec l'empereur; La Tour d'Auvergne me paraît du même avis. — Son frère, qui est en France, ne se donne pas même la peine de retourner à Berlin, comme pour montrer que la France ne sent pas qu'il y ait rien à faire par là en ce moment.

A vous, cher ami.

P. E.

CCCLXVI^e LETTRE

A ARLÈS

- Paris, 28 septembre 1860.

Cher ami, il s'agit d'une chose assez grave, où vous pouvez être très-utile. — Gide veut faire une encyclopédie, sous le patronage des Pereire qui *y consentent*, et sous la haute direction de Michel qui *hésite*. Quoique déjà le *Salut public* désigne l'œuvre sous le nom de saint-simonienne, on y verrait MM. Thiers, Mignet, Guizot,

Villemain, ainsi que Littré, Renan, Lamartine, Laurent, même aussi Fournel, Lambert, Duveyrier, Transon, et je crois bien Reynaud et même vous et moi, et Cobden s'il le veut.

Je crois que si vous écriviez à Michel qu'il doit présider à ce libre échange intellectuel, vous feriez bien.

Et si vous venez en octobre, vous ferez encore mieux.

C'est un premier effort de fusion en vue de *construire* au lieu de *détruire*.

Gide assure que l'empereur, consulté, a même promis son concours de rédaction. Le fait est que l'empereur doit désirer qu'il se fasse une grande œuvre intellectuelle en dehors des académies qui lui sont contraires.

Songez à cela; l'idée est difficile à réaliser, mais excellente et digne de vous occuper.

A vous.

P. E.

P. S. Le conseil d'État a approuvé le traité des eaux avec la ville de Paris.

CCCLXVIIᵉ LETTRE

—

A ARLÈS

1ᵉʳ octobre 1860.

Cher ami, je vous avais écrit l'autre jour si rapidement, en plein conseil, que je craignais d'avoir été obscur et d'être pris par vous pour une résurrection de la *Revue encyclopédique* de M. A. Jullien, de Paris.

Heureusement vous n'avez été frappé que de mon écriture, qui était, en effet, un peu plus laide que la vôtre, ce qui n'est pas peu dire.

J'ai rendez-vous demain avec Gide, qui aura dû revoir Émile et Michel, et je ne sais qui du château ; je vous donnerai plus de détails, mais je suis bien aise que vous ayez compris de suite l'importance de cet appel fait en ce moment à nos idées par un homme qui y voit une grande affaire de librairie et qui est compétent sous ce rapport. Je sais bien que les travailleurs nous manquent un peu, mais c'est justement l'occasion d'en faire de nouveaux ; seulement je confesse que Michel me paraît indispensable, surtout à cause de sa situation nouvelle. Évidemment, l'œuvre devra prendre le cachet industriel ; c'est notre économie politique qui devra dominer, et non point notre théologie, notre métaphysique ou notre morale.— De plus, il faudra faire place à toute aspiration d'organisation et ne s'inquiéter que de la bonne volonté de construire et non plus de détruire, quand bien même on prétendrait édifier avec les deux plus fortes armes de destruction, le *suffrage universel* et le *laisser faire*. Fournel, Guéroult, L'Habitant, Laurent, Jourdan, Lambert, Yvan, Lemonnier, Brothier et autres, ne peuvent certes pas faire grand'-chose là dedans ; mais ils apporteront toujours un peu de notre couleur dans le grand mélange.

Au reste, tout cela est encore dans les brouillards de la Seine.

Quelle piquette on fera cette année ! mais peut-être pas en politique. Voici Lamoricière fini, mais que va devenir Garibaldi ? Et le Pape ?

A vous.

P. E.

Paris-Imp. PAUL DUPONT, 41 rue Jean-Jacques-Rousseau. (2293.9.3)